你一定要開始，
才能**很厲害**！

王勝忠老師的人生勵志課

酷世界中，讓你善良強大的40句話

★ ★ ★ ★ ★ ★
臺中市SUPER教師
王勝忠 著

目次

PART 1 成功法則

PART 2 成功思維

PART 3 改變人生

PART 4 創造成功

PART 1

成功法則

面對它，持續去做，並且刻意去做。

成功不是未來才有，而是
從決定那一刻起，持續累積而成。

　　每個人都想成功，但是成功者總是少數，而大部分的人卻總是在想著如何成功？

　　從日常生活中的大小事來舉例說明，很多朋友都想要減肥，但每次遇到聚餐或是美食當前時，總會說明天再來減肥好了，或是說吃飽是為了增加減肥的資本。

　　反觀減肥成功的人，在決定減肥的那一刻起就持續

累積，且持之以恆，直到成功。相對於減肥成功的人而言，減肥失敗的人缺乏的是原則的堅持。

出書，成為作家也是如此，幾個好朋友學富五車，理論與實務兼具，他們曾跟我說，想要出書一圓作家夢。後來遇到時閒聊，我問他們進度如何？他們回答：「沒有時間，最近太忙了。」或是「一開始很認真寫，過沒多久因為其他事情忙，就沒繼續寫了。」

從朋友們的回答可以得知，每個想成為作家的人，都知道要花時間寫作，但總是無法持續累積，或是被其他的事情給耽誤而停滯。

要成功，必須從起心動念那一刻起，點滴累積、持之以恆，直到成功。許多檯面上的政治人物，想要參選，從起心動念登記那一刻起，必須勤跑市場，每天早晨、黃昏站在路口拜票，更有人跟著垃圾車的路線跑，只為了可以與更多民眾相遇，有機會可以行銷自己。

也有人努力的經營部落格、臉書粉絲專頁及各種

社群媒體，一點一滴累積起自己的政治能量，或許這次的選舉落敗了，但是仍然堅持到底，從每天的大小事中繼續著選民服務，**日復一日，堅持著一開始所設定的目標，努力邁進**，而他未來當選的目標則指日可待。

學習也是如此，以學習語言為例，從報名補習開始，除了按部就班上課之外，按時的複習與練習，經過時間的積累，參加語言檢定，針對較弱的部分加強，實際的使用語言。生活中的娛樂休閒，就是大量觀看該語言的連續劇與電影，甚至把手機的語言設定轉換為目標語言，思考模式也轉換為目標語言的思考模式，盡可能讓自己浸潤在目標語言的生活情境中，不輕言放棄，持之以恆，語言自然學得好。

參加考試也是如此，不管是大學指考或是高中會考，想要考取心中的第一志願，起心動念的那一刻起，就要持之以恆的累積，不是只有空想，而是要「以終為始」，想辦法讓自己可以達標。

　　擬定讀書計畫，安排每天的念書時間，有策略的完成每一個考科的準備，割捨掉不必要的休閒娛樂，把握原則的嚴守紀律過生活，方向對了，持續的努力積累，時間一久，效果一定顯現，不斷的堅持再堅持，朝自己的第一志願邁進，最後上榜成功。

　　每個人都想成功，而成功者的達標關鍵就在於努力與堅持，簡單的道理卻蘊含著極度的不簡單，**成功不是偶然，努力是必然，而堅持是關鍵**。成功不是未來才有，從起心動念的當下開始，一步一步的向前邁進，盡可能的持續累積，邁向成功。

再長的路，一步步也能走完；
再短的路，不邁開雙腳也無法到達。

　　坐而言，不如起而行，這句話每個人都知道，但能夠確實做到者卻很少，其中的關鍵在於「**行動力**」。

　　做任何事情，有想法很快，但要有所行動，除了要有行動力，還要有恆毅力，才能做到別人所做不到的，且能知行合一。

　　每個人都想成功，但真正為了成功而付諸行動的人

又有多少呢？行動後能堅持到底的人又有多少呢？

　　舉例來說，近來很多人想要擁有更佳的體態，有更健康的身體，都想要減重減個幾公斤，讓自己看起來更輕盈，體態更美好。但每次遇到美食當前，總是說明天再減好了，要運動時就會給自己找藉口，懶得動，日復一日，體重不但沒有減到，還更增加了。

　　反觀有些人，想要減肥，當下就開始，任何的誘惑也吸引不了他，持之以恆按照自己的規劃落實體重管理及飲食調整，時間一久，就達到自己所設定的目標。

　　有些人想要出書當作家，這個目標看似遠大，但還是可以夢想成真，只要持續累積的寫作，時間一久就能有足夠的文稿可以編輯成書。**其中築夢踏實的原理，在於將大的目標分割成很多可以達成的小目標**，比方說寫一本書要有近十萬字的文稿，每個禮拜設定自己要寫出一千字的文稿，一年就會有五萬字的文稿產出，兩年就可以將一本書寫完，讓書出版的夢想可以成真。

反觀有些人明明知道開卷有益，但在空閒時卻總是玩手遊或是上網聊天，案頭上的一本書隨手可得，但卻總是看不完。

政治人物想要投入選舉為民服務也是如此，當起心動念時，就要行動，且要有計畫的前進，直到夢想達成，有可能在經歷幾次的落選後抱持服務人群的初心，而堅持到底，最後獲得當選。

投入選舉不像減肥及出書這樣，只要自己努力就可以達成，還需要有他人的協助及機運，更是艱難，但再長的路，一步步也能走完，堅定信心，時時刻刻都要認真努力，發揮恆毅力的精神，向著目標邁進，方向對了，目標就不遠了，到達終點只是時間的長短而已。

所以，一旦對於生活中的大小事起心動念，就要全力以赴，且要持之以恆，努力、堅持，可以有所調整修正，但不可以輕言放棄，**相信自己，一定就能做到**。

建立自信、征服恐懼最快速直接的方式，就是找一件你害怕的事情去做，然後得到成功經驗。

　　面對陌生的環境或是沒經歷過的事情，一般人總會猶豫不決。如果遇到自己不喜歡的事情或是曾有過失敗經驗的事情時，更是裹足不前，盡找各種理由與藉口說服自己不去面對，或許放棄，或許鴕鳥心態總是逃避。

　　人生就是如此，我們總想要一帆風順，總想著如何順遂的過一生，但現實生活卻不如我們所想，越不想去面對的事情，總是無情的出現在我們的生活之中，要我們不得不面對。

　　例如學期末要交報告，做報告相較於上網及追劇，是我們不喜歡做的事情，所以我們會先去上網或追劇，直到時間迫在眉睫時，才不得不關掉電腦開始做報告。

　　我們在做報告及上網追劇時，大腦會清楚知道我們的喜好，追劇時心中充滿喜悅，做報告時滿是不悅，因此只要遇到要做報告，都會百般不願意，長而久之，就會越來越不想去做自己不喜歡的事情。

　　我們除了對於不喜歡的事情會有逃避的情形外，很多時候也會對生活中的某些事情產生逃避的現象，尤其是自己不擅長的事情，或是曾經遭遇失敗經驗的事情。舉例來說，在小學課堂中，老師提問點我們回答問題，站在全班同學面前，但卻一句話也說不出來。

　　更糟的是，老師不但沒有給予協助，全班同學還大聲訕笑，從此之後，對於在眾人面前說話這件事產生恐懼感，每次只要上臺報告，就會想要逃避，若是可以提早知道要上臺，請假或是裝病的念頭就會縈繞腦中。

　　建立自信，征服恐懼，面對這一類的不確定、沒有信心或是卻步，沒有絕招，最快速、最直接的方式，就是**找一件害怕的事情去做，面對它，持續去做，並且刻意去做**，想辦法從中獲得成功經驗，就能迎刃而解，不再害怕。

　　害怕在眾人面前說話，就想辦法爭取在眾人面前說話的機會。我們現在看到的知名主持人，很多都不是從小就很會說話的人，有些人以前也害怕說話，後來經過刻意練習，一次又一次的努力，慢慢找到說話的技巧，把握每一次的機會準備，讓自己可以越來越不害怕，最後還從中得到成就感，進而想要挑戰自己，迎接更大的舞臺。

　　當陶晶瑩接下金曲獎頒獎典禮的主持棒，獲得廣大好評之後，從此海內外各大頒獎典禮或是大型的場合的挑戰都難不倒她，因為有了成功經驗，也懂得如何勝任這樣的工作與挑戰，自信與勇氣作為動力，經驗與方法成為最堅強的後盾，使得她得以面對這樣大的舞臺，抗壓力無限的提升，最後成功戰勝恐懼與壓力，通過挑戰，讓自己的經驗值提高，主持經驗更豐富。

　　登高必自卑，行遠必自邇，沒有一步登天的任意門，但是可以有逐步前進的成功者藍圖。他人成功的腳步，可以是我們依循的足跡，成功沒有偶然，持續努力是必然，為了讓自己不再害怕，勇敢的直接接受挑戰，勇敢的面對害怕的事情，只要勇敢面對，就已經成功一半了。

　　然後找出策略，思考如何跨出勝利成功的第一步，一步一步的邁向挑戰成功，在邁向成功的過程中，不可能永遠順遂，但一次又一次的挫折省思與方向調整，都

會是挑戰成功的養分。

　　沒有人是天生的贏家，但生命中奮鬥的勇者比比皆是，只要敢於面對自己，接受害怕事情的挑戰，就能面對考驗、突破困難、戰勝心魔，獲得成功經驗，並找到未來繼續成功的關鍵 KNOW HOW，面對任何問題及挑戰不再害怕，而是胸有成竹的沉著應對。

一個人最大的資產是希望，
最大的動力是勇氣。

　　人活在世上，因為擁有希望，未來一片光明。當一個人擁抱著希望，那麼看待事情都是看光明面；相反的，當一個人對任何事情都負面消極，那麼他的人生將會是灰暗沒有生氣。

　　跑馬拉松的人都會自我挑戰，希望自己可以跑完全馬，42.195 公里的距離，在一般人的眼裡遙不可及，

一想到要跑這麼遠的距離，心裡萌生的想法就是：「這麼遠的距離哪有可能跑得完！」

而參與馬拉松的人心裡想的則是：「我一定可以跑完全馬。」、「我要想辦法跑完全馬！」

因為心中充滿希望，於是開始為了挑戰跑完全馬鍛鍊體力，規律的練跑，從參加 3 公里的健康組開始，然後挑戰 10 公里的路跑，再來報名 21 公里的半馬挑戰，最後通過全馬 42.195 公里的全馬考驗。

因為心中充滿希望，想的都是如何成功，最後堅持到底獲得成功。支持全馬挑戰成功的是信念與希望，而驅使不斷前進邁向目標的是勇氣。

有勇氣的人，面對困難與挑戰，都是毫無畏懼。對人生充滿希望與勇氣的人，會以正向思維來看待人生，行動力滿滿，未來一片光明，依照著目標前進，總會到達終點。

國人常說一輩子一定要做三件事：「登玉山、自行

車環島、泳渡日月潭。」這三件事情都不容易，沒有絕對的把握與信心，是不可能完成的。要完成這三件事，不見得一定要有足夠的金錢，人生要有所成就才能行動，**希望就是最大的資產**，**勇氣就是最大的動力**，只要抱持著信念，想要達成這三項人生成就，就能有動力前進、達標。

登玉山就是向上攀登，挑戰自己的極限，沿途會遇到很多困難，隨著高度越高，呼吸更加困難，體力消耗大，路上還會有險峻陡坡與落石，一不小心就可能失足墜地。然而，步步困難還是持續前進，朝著登頂前進，越靠近山頂，所看到的風景越是不同。因為不怕困難，才得以登頂看到曙光以及向下俯瞰的視角，擁有全臺最高處的視野，以及莫名的成就感。

自行車環島考驗的是體力與耐力，需要很多天的時間才能達成，很多人想做，但卻很少人做到，有些人想到要請假，還要準備各項裝備，路途中可能遭遇危險，

安全有很大的疑慮，想著想著就裹足不前了。

　　反觀另一群人，有了想法就行動；沒有什麼事情是容易的，在公路上騎單車危險難免，但只要小心謹慎就能避免，簡易規劃路線，做好各項準備就出發，環島的里程越到最後越會有讓人想放棄的念頭，此時心中想著放棄就真的放棄了。

　　反之，**抱持著希望與堅持，最後就能到達終點。**到達終點後那一刻的喜悅，一定會讓人終身難忘，而腳底的水泡與全身的肌肉痠痛，則會是甜蜜的負荷。

　　泳渡日月潭，全長三千七百公尺，下水開始游泳時看不到對岸的盡頭，有些人心裡想著，這麼遠怎麼游得完，有些人想著慢慢游一定游得完，正向積極的想法，伴隨著在水中的每一次划水與踢腳，在水中沒有人可以聊天，唯有自己與自己的對話，不斷告訴自己又前進了一些，離對岸終點又更近一些，這希望信念就是讓人完賽游完全程很重要的關鍵。

　　人生是一段單程旅程，隨著時間流逝，年歲不斷增長，時間沒有回頭，更不可能重來，因此，同樣的人生可以有不一樣的過法，與其消極負向思考未來，過著每一天，倒不如抱持著希望做每一件事，充滿勇氣與動力的迎接所有的挑戰，讓人生活得精彩，沒有遺憾。

人生豐功偉業的建立
在於知，更在於行。

　　最近時常聽到「人生成就解鎖」這個詞，許多人對於自己的人生規劃很有想法，也想要嘗試各種人生目標的達成。少數人堅持到底，最後達標，有更大多數的人，沒有堅持到最後，想要讓人生有所成就，但卻僅止於有想法、有動機，實踐力道強度沒有延續，就會又進入人生目標設定的無限迴圈，眼見著別人的人生成就解

鎖，自己仍舊繼續找尋自己的下一個目標。

「**有想法，就去做！**」許多人生導師或是教育訓練的講師，都是這樣鼓勵大家的，的確有想法就要去做，當累積許多小成就，就有機會可以完成人生的大改造，讓自己的生活截然不同，也讓自己所設定的目標可以達成。先不考慮有多難達成，在執行的過程中會遇到哪些阻礙，成功率有多少，反正有想法就去做，想太多會增加行動時的絆腳石，讓你猶豫再三，裹足不前。

有一位大學畢業生，剛畢業時嘗試各種打工性質的工作，努力想要存自己創業投資的第一桶金，於是利用自己所有可以運用的時間，同時進行幾份工作，就是想要快速累積自己的第一桶金，提早規劃自己的未來。

除了擁有主動的收入，也創造另一份被動收入，讓財富自由。在畢業後投入工作的這幾年，因為目標的設定，犧牲了許多娛樂時間，大部分空閒的時間都投入在打工賺錢中，經過了幾年的時間，成功累積了自己的第

一桶金，開始了人生的創業歷程。

　　由於打工兼職的工作中，時常可以聽到很多老闆分享創業的經驗，老闆都說年輕人要有想法，更要有所行動，創業雖然有風險，但是年輕人相對於年長者更有承擔創業失敗風險的本錢，縱使不幸創業失敗，這期間的經驗也會是未來人生成就達成的養分。

　　有勇氣又有想法的他，將這幾年所觀察到的產業現況加以分析，加上自己的兼職就是機車外送餐點的工作，每當用餐時間，總是忙得不可開交。網路方便加上手機平臺的便利性，現代都會上班族及不想出門的人喜歡使用手機訂餐，多花些許的服務費，享受便利性。腦筋動得快的他，開始構想創業的藍圖。

　　一起打工的夥伴們，也知道現階段搭上餐點外送的APP 風潮下，飲料店、餐點店生意都很好，但是會想要創業自己當老闆的人並不多。之所以會持續目前的工作，不想創業當老闆，搭上時下風潮的順風車，把握機

會當老闆，獲得更多收益的原因是，沒有自己的第一桶金，第二，相對於打工，自己當老闆麻煩許多，要擔心的事情很多，要做的事情更多，所以就打消了念頭。

這位大學畢業生開始拿著正職工作及打工賺錢所累積的第一桶金，加盟了飲料店，也特別選擇在人潮最多的地點開了第一家店。經營了一段時間後，便再加盟了另一間店，短短兩年，在臺北市總共開了七間店，雖然飲料店競爭激烈，但是收益還是穩定成長。

後來，一起打工的夥伴們，紛紛都成為他店裡的職員，更羨慕的說：「當時如果我跟你一樣，自己加盟開飲料店就好了！現在我也是擁有一家店的老闆了。」

開店不保證一定賺錢，經營的方式以及大環境的變化，都會影響創業是否成功。**有想法就去做，沒有行動只是空想**，若能有想法又有行動，再加上對於產業的觀察，及創業的仔細分析與準備，真的可以讓自己往人生成功的目標再向前跨一大步。

成功不是偶然，而努力是必然！

當有想法時，就嘗試行動吧！擘劃自己的人生藍圖，設定自己的人生各階段目標，更要想辦法讓自己的人生成就解鎖。空有想法沒有行動，只會在多年以後徒呼負負，與其未來後悔，不如現在就好好的思考當下努力的目標，然後行動，這就對了！

磨練，使人難以忍受，使人步履
維艱，但它能使人站得更挺，
走得更穩，擁有更堅強的鬥志。

「事不經過不知難。」這是很多長者會給予後生晚輩的一句忠告，因為歷練過，得以知道做事經過的點點滴滴，很多時候在外人看來應該沒有什麼了不起的事情，只有親身體驗才會知道箇中滋味，也因為深入的探

討，認真的投入，就能在歷練這些過往做過的事情中增加經驗，以及提升工作的效率。

進入職場後，不再像在學校一樣，同儕互動有更多的考量，也因為職務有別，還有長官及下屬的科層體制範限，在處理各項事務時必須要更為小心謹慎，把事情做好是應該的，但把人際關係處理好，也是另一個必須特別注意的課題。尤其關係到績效考核及升遷晉級等關乎工作場域的個人權益時，各種同事間或是長官及下屬間的互動更顯微妙。

此時做人與做事同樣重要，有些時候，外在環境不是我們所能立即調整改變的，這時候則必須試著調整自己的想法與心境，才能有更寬闊的心胸來面對周遭人事物所帶來的負面能量，化心裡的不悅為成長的動能，視所遭遇的挑戰與艱困的任務為磨練。

雖然當下是很令人難以忍受，使人步履維艱，但事過境遷後，將會海闊天空，只要調適得宜、因應得當，

這些磨練就會是讓我們更為強壯的背後支持力量與成長的養分，讓我們更有勇氣接受未來的挑戰，因為已經有了堅強的鬥志作為後盾。

在成長的過程中，有過困境及擁有不斷的考驗，更能讓人站得更挺、走得更穩，擁有更堅強的意志。

身障發明家劉大潭出身赤貧家庭，小時候因不慎施打過期預防針，導致身體萎縮，腰部以下幾乎沒有力量，只能靠著雙手在地上爬行。命運多舛的他，還經常遭遇他人的數落，但他不向命運低頭，反而給自己立下遠大的抱負，要自食其力，要結婚生子，要取得大學畢業的文憑。

為了上學，費盡千辛萬苦，因為難得能有讀書的機會，更加珍惜把握，從小學、國中到高工成績優異。但找工作不像讀書自己努力就行，還有許多外力因素存在，他參加國營事業的考試，在兩千多人中筆試考了第一名，但因身體因素最後還是沒有被錄取。

　　但不向命運低頭的他，告訴自己一定會有機會的，不輕言放棄，一定會找到生命的出路。後來終於有公司願意給他一個試用的工作機會，他珍惜眼前得來不易的工作，加倍的努力，不斷用心的投入，靠著自己的力量一步一步的升遷，最後還當上了經理。

　　因為自己的不便而能看到別人的需要，因為想要為他人服務，而嘗試發明，動手做出各項讓生活變更便利的產品，透過不同的觀點來思考問題，轉念讓他的人生更不一樣，雙腳萎縮無法騎腳踏車，他就發明用手搖的三輪車，讓自己也可以行動自如，不被身體上的缺陷所困住，甚至為自己走出一條創造發明的路，在國際發明大賽中屢屢得獎，還擁有近兩百項的專利。

　　人生際遇的不順遂，讓劉大潭更為堅強，每一次的磨練，都是造就他更為堅強的考驗，卻也因為這樣的舉步維艱，更激發他堅強的鬥志與韌性。

　　人生是不斷淬煉的歷程，因為有過艱難，才更顯

得豐富精彩。我們當學會與挫折為友，沒有人一生都是順利的，所以不要被挫折給打敗，更要以失敗為師，從失敗中檢討改進，才能邁向成功。轉念可以讓生活更美好，在遭遇困境時，試著從不同的觀點來看事情，生活中的磨難與考驗，就會是朝向人生更好的將來的養分，讓我們更為勇敢、堅強、茁壯。

**向成功者學習，
要跟成功者有同樣的結果，
就必須採取同樣的行動。**

　　成功學相關的書籍，一直以來都是職場暢銷書，每個人都想成功，但卻不是每個人都能成功。透過閱讀成功者所寫的書籍，或是聽成功者心路歷程的演講，都可以知道別人是如何成功的，但僅止於知道還不夠，**若想**

要與成功者有同樣的結果，就必須採取同樣的行動。

　　各個領域的成功者，一定有其與他人不同之處，或許比別人更努力，比別人更有行動力、更有毅力或是更有創造力，因此才能脫穎而出。向成功者學習，除了知道他或她為何成功，更要想一想，如果是我來做同樣的事情也會成功嗎？我可以吃苦耐勞嗎？我有即知即行的行動力嗎？我有持之以恆的恆毅力嗎？

　　美國大聯盟洛杉磯天使隊的日籍球員大谷翔平，很早就立定志向要成為職業棒球球員，向他的偶像鈴木一朗看齊。高中時期的他，開始思考鈴木一朗為何成功，必須有哪些努力。於是他使用九宮格思考法，作為思考自己可以努力的方向，在九宮格的中間寫下八大球團第一首選，就是要成為職業棒球球員。

　　在周圍的八個格子，寫下要成為職棒選手自己該努力做到的幾個事項，例如體格、控球、球質、球速一百六十公里、變化球、運氣、人氣、心理，然後再向

外擴大，以這八項必須做到的事項，做為九宮格的核心，再去思考必須做到哪些事項，才能讓這個核心目標達標。

透過這樣的九宮格目標達成表，大谷翔平想要成為像鈴木一朗一樣成為職棒選手的夢想，有了可以努力的方向及具體的目標。

要成為球技精湛的球員，可能體格、體能、球速及球質都要加以練習，才能出類拔萃，大谷翔平除了增進自己職棒球員的本質學能外，更懂得要能在職棒界成為一流的選手，有實力更要有運氣，而這運氣不光只是與生俱來的運勢，更有自己後天努力達成的因素，例如好的禮貌、愛惜球具、對裁判的態度、受人支持、正面思考等，這些小的細節都會影響自己未來成為優秀職棒球員的表現。

所謂天助自助就是如此，**當自己對自己有高度的自我要求，就能呈現出特別的氣質**。另外，如果要能成為

　像鈴木一朗這樣具有高人氣受球迷喜歡愛戴的球員，就必須為人著想、心存感恩、全力以赴，敬業樂群，讓自己成為謙遜有禮的球員，職棒生涯才能永續經營。

　大谷翔平為了進入職棒的努力不但有目標，更有實踐力及恆毅力，這是一條極具艱辛的道路，過程充滿了各種考驗，一旦不小心身體受傷，或是行為舉止失當，都可能因此而讓自己的職棒夢想灰飛煙滅，必須步步謹慎，小心經營。

　他為了成功成為一位職棒球員，向成功者學習，思考前輩球員們是如何自我要求，必須做到哪些練習，為自己嚴格的做好規劃，然後依循著前人成功的腳步邁進，最後夢想成真。

　別人成功的腳步，可以是我們依循的足跡。取法乎上，向成功者學習，正向思考，要有行動力，更要有恆毅力，才能貫徹始終，想要跟成功者有一樣的結果，就必須採取跟成功者同樣的行動。

　　大谷翔平透過九宮格目標設定法，以終為始，仔細思考，為自己的夢想達標設定許多努力的具體方向，然後徹底去做，直到成功，我們也可以向大谷翔平學習，從生活中開始做起，設定目標，然後思考所有達標的可行策略，大小事情都不馬虎的持續去做，一定可以讓自己的夢想成真。

**人生有高峰就有低谷，有驚喜也會有
困惑；你目前在哪裡不重要，
重要的是你打算將來要去哪裡。**

　　人生旅途不可能一路順遂，沒有人每天都是幸福
美滿、開心快樂，每件事都盡如己意，只要不斷的成長
前進，沒有停止放棄，終究會看到陽光、找到出路，所
以我們要為人生設定目標，把眼光要放遠，不要只看眼

前，而是要將願景放大，然後實踐要勤，堅持要長久。

成功的人與無法成功的人的差別，在於目標設定與執行程度，成功者會經常為自己設定目標，在每一次執行目標達成任務時全力以赴，也在每一次的達標過程中修正，以讓目標更為聚焦；而無法成功的人，則是經常不知道自己的目標何在，更不用說為何而努力了。

成功的人與非常成功的人的差別，在於非常成功的人會說「不」，讓目標單一，將有限的時間做最有效率的使用，聚焦在人生每一階段最重要的事情與任務上，有效管理，全力以赴，集中火力的效益就是可以精準的打中靶心，績效卓越。

知名的表演藝術家李國修曾說過：「人，**一輩子能做好一件事情就功德圓滿了！**」他一輩子投入表演工作，創辦屏風表演班，將所有的時間投入在編導戲劇上，集經營者、劇作家、導演、演員於一身，在戲劇工作上專注投入數十年，在戲劇上獲得的榮譽無數，更是

第一屆國家文藝獎戲劇類得主。

　　童年的他就喜歡戲劇，更因為興趣，投入劇場的演出與創作，演員生涯獲獎無數的他，不到三十歲即獲得第十七屆金鐘獎「最具潛力戲劇新演員獎」，曾與導演賴聲川及知名演員李立群共同創辦表演工作坊，演出《那一夜，我們說相聲》，造成轟動。

　　當時年輕的他一帆風順，可以說是春風得意，但人生在世，沒有永遠都是稱心如意，也會遭遇到低潮，之後因為創作理念與賴聲川不合，一度離開劇場，但他並沒有因此而放棄，短暫休息後創辦了屏風表演班，也正式離開了表演工作坊。

　　塞翁失馬，焉知非福，沒有離開表演工作坊，怎麼會有後來屏風表演班一系列精彩好劇的呈現？屏風表演班所推出的戲劇佳評如潮，但劇團的經營不是一直都很順利，亦曾歷經營運危機，為繼續劇團的延續，不得不裁員因應，但最終仍能安然度過。在臺灣的舞臺劇發展

史上，屏風表演班培育了許多劇場人才，貢獻卓著。沒
有歷經低潮的洗禮，怎麼會有後來這麼多齣令人津津樂
道的戲劇推出，一時的困惑、迷惘，並不代表未來沒有
希望。

　　人生是一場馬拉松，並不是短距離百米賽跑，一時
的成就不代表永遠的卓越，一時的挫折也不代表永遠都
失落，**所有一切當下的努力，都將是通往未來寬廣道路
重要的歷程**。把眼光放遠一點，人生藍圖規劃設定遠大
一點，不為眼前的小成就而滿足，也不為遭遇到的困難
而頹喪，目標明確，只要持續努力，加上堅持，時間一
久，將看到自己人生成就無限的美好。

做重要的事，永遠是重要的事。

　　每天只有二十四小時，上課、工作之餘，扣掉吃飯、睡覺還有運動休閒的時間，可以使用的時間不多。有些人還得要兼顧家庭，接送孩子上下課，帶家中長輩看醫生，真正屬於自己的時間真的不多。

　　但是得要做的事情卻越來越多，如果再有緊急的事情臨時加進來，就會手忙腳亂，覺得怎麼事情沒有一件做好。其實，只要把握「**要事先做**」的原則，除了主要

該做的事情完成後心裡比較篤定之外,在時間管理上也會比較充裕。

有些人日理萬機,但還是把每件事情都處理得相當好,有些人事情固定且可以預先掌握,但卻總是在最後一刻時才把事情完成,或是總覺得時間不夠用,這之間的差別,在於時間管理能力的有無。

懂得時間管理的人,會先盤點檢視自己的時間運用情形,善用各種管理工具來做好行事安排,並提前規劃好自己的讀書、工作安排,在規劃行事曆時,所考量的總是以年度最重要的事情優先,以及自己現階段的主軸規劃來先行安排,然後其他的事項再行排入。

另外,他們也會**預留空白時間**,以作為緊急時緩衝之用,藉以應變突發事件之處理,或是做為先前無法完成工作的補充時段,讓自己可以更從容的做好每一件事情。

生活中大小事,有重要的公事,也有自己的瑣事,

有的是與眾人有關的事情，有的是攸關自己生涯發展的事情，有些事情處理的好壞，會關乎團隊組織的成敗，有些事情沒有做好，只是自己單方面的損失，影響不大。

事情的大小評定標準可以主觀認定，也可以客觀評估，舉凡影響公眾利益及組織權益，有時效性，會影響自己利害得失的，都可以算是重要的事。另外，沒有急迫性及立即得要完成的事，都可以算是較不重要的事，必須依照當下的情形來進行判斷，另外也要依每個人的特殊情形來判定。

總之，時間有限，事情很多，必須要從重要的事先做起，才不會本末倒置，當時限來臨時，讓自己陷入窘境，不知所措。

時間的管理及處理事情的規劃，可以生活情境中的瓶子裝大小石頭做舉例。一個可以裝滿大小石頭的瓶子，就好像我們所擁有的時間，大小石頭就是該做的事情，如果時間管理及計畫得當，理想情況下，可以將大

小石頭都裝入瓶子內。但如果管理不當，則無法把所有的石頭裝入瓶中，若是先裝入小石子，最後再裝入大石頭，則你會發現，最後會有幾個石頭無法再裝入。反之，當瓶子空空時，若先把大石頭裝入，最後再裝入小石頭，則較為容易將瓶子裝滿。

我們所擁有的時間，就如同瓶子可以裝入石頭的容量，容量是有限的，而石頭的大小，就如同重要的事情及相對不重要的事情，我們在有限時間內一定要先處理要緊重要的事，然後再處理相對不要緊不重要的事，才能妥適的安排做好每一件事。

做重要的事永遠是重要的事，如此一來才不會失焦，沒有把時間運用得當，將事情處理好，永遠抱怨時間不夠，而是應該檢討自己的做事原則及方法，如能依照自己所設定的主要目標，進行時間規劃及目標管理，則可以讓自己做事情更有效率。必須先設定明確目標，然後反覆檢核目標的達成情形，隨時確認自己的目標是

否偏移，及時修正，目標才不會失焦。

　　記得我在就讀研究所時，時間相較於在職進修的同學而言，我擁有更多的時間可以來完成課堂報告及碩士論文，但我對各項事情的處理，反而沒有在學校擔任導師的同學來得效率高。

　　後來仔細檢討後發現，我將上課後的空餘時間及假日的完整時間，都先拿來完成其他事情，剩下的空檔才來進行研究、寫論文。

　　之所以先把時間拿來完成次要的事情，可能因為覺得論文太過艱鉅，又或者寫論文有很大的壓力，且不知道從何下手，久而久之就慢慢習慣先完成其他事情了。

　　那時候的我，不懂得「要事先做」的觀念，所以越到提出論文口試的時間期限就越緊張，經常得要熬夜趕工，這樣做事情的效率也不高，其實只要做妥規劃，進行論文完成的目標管理，持續檢核，專注單一，就能在設定的目標時間裡完成主要的事情了。在此分享可行的

策略如下：

1. 「**練習說不**」，生活中總會有許多人際互動及應酬邀約，當執行主要任務時，必須要練習說不，才能在有限的時間裡，將主要的時間及精神，用來關注要緊的事情，把事情做好，過多的應酬及人際互動，反而會造成干擾。

2. 「**決策判斷**」，當兩、三項事情都很重要時，要嘗試練習決策判斷，就因果關係及邊際效益來進行分析審核，有效的進行選擇，雖然選擇時有些事情得被暫時放下，但也只有如此，才能讓時間發揮最大效益，先把重要的事情做完、做好。

3. 「**量化進度**」，利用甘特圖等工具，將目標完成的時間明確標示出來，然後以終為始，推算有多少時間可用，仔細思考在哪個時間點該完成到哪個階段，透過量化進度的方式，檢核自

己的工作進度，有效掌握自己的目標達成率。

4. 「**反覆檢核**」，隨身準備筆記本或善用手機備忘錄，將生活中的大小事情都寫下來，一來讓大腦安心，在思考處理事情時更專心，不會因為什麼事情忘記而分心或是心神不寧。另外，也可以將該做的事情，按事情的重要性及完成所需時間來分配時間，或是把握空檔逐一完成，看到一件件待辦事項完成，會因有成就感而更有動力去完成更多的事情及主要的任務。

　　事情很多不知怎麼開始？從要緊的事情先做就是了，做重要的事情是最重要的事，如果不知道什麼是重要的事，就開始練習評估自己生活中的大小事，最重要的是將自己生活、學習或是工作上的目標設定出來吧！

成功者永不放棄，放棄者永不成功。

「再等一下下，再一下下就好了！」上課鈴聲已響起，閱讀一篇文章尚未看完的小智，急忙回答準備一同到科任教室的同學，再爭取一些時間，不管已經上課了，還是堅持要把文章看完。

讓我不禁好奇，這樣的學生，平時的學習是否也是如此堅持呢？果不其然，在一次班親會與他的媽媽聊到這個孩子的學習時，在家裡也是如此，對於自己的學

習都會想要多堅持一下，準備考試也是，閱讀課外書也是，也因此在學習表現上都會有很好的成績。

　　「**鍥而不捨**」，是成功應該有的態度，改變心態，就能改變未來。記得念高中時，有一次月考前夕，當大家都在挑燈夜戰時，同住宿舍的室友，好整以暇的很早就關燈收拾書本，準備上床睡覺，大夥看在眼裡，心中滿是羨慕，心想對於明天的考試他已經準備好了。隔天考完試聚在一起聊天，我問他：「你應該考得不錯吧！」「我想這學期應該還是要參加補考吧！」他無奈的回答著我的話。

　　後來我才知道，他覺得再怎麼努力熬夜念書，隔天的考試也不見得會考得好，死命Ｋ書，讀也沒用，倒不如就早點睡覺吧！就這樣高中三年，每年寒暑假學校的補考場合上，都看得到這位同學的身影，因為對於學習有了放棄的念頭，而總是無法在學習上有所突破。

　　反觀另一位同學，因為高中課堂上的數學內容加

深、加廣，國中時數學程度不錯的他，一下子在月考上敗了陣下來，對於數學感到懊惱，深深覺得自己怎麼會學不會，再加上沒有參加校外補習，一時之間也不知如何是好。

雖然月考數學沒有考好，但是他並不氣餒，跑到書局找了參考書來自修，針對不會的概念，花更多時間學習，並請教班上數學成績表現優異的同學，就是要把數學弄懂。在閒暇課餘時，總是看他在算數學，我搭趣的問他：「整天算數學不會累啊！」他回我說：「當你弄懂不會的數學概念時，你會發現一點都不會累，而且會很興奮。」

就這樣，他從月考數學成績不及格，到後來考上數學系，還成為國立大學數學系的教授，因為不放棄而堅持到底，最後自己找到出路，開創自己的一片天。

曾經叱吒演藝圈的藝人黃子佼，當紅時手上的工作滿檔，不管是音樂評論還是主持演藝，都有很好的表

現，相當受歡迎，名利雙收，在演藝圈占有一席之地。後來因為情感上的波折，連帶在事業上也受到影響，被視聽大眾謾罵，也失去了原本擁有的電視主持工作。

從雲端跌落谷底的他，雖然一時間沒有了電視綜藝節目主持的舞臺，也失去了影迷及觀眾的追捧，還要面對龐大的開銷，因為熱愛表演，熱愛為視聽大眾服務，還是不放棄演藝工作，選擇轉換跑道，離開演藝圈。反倒是一本初衷，繼續在自己熱愛的演藝專業上努力，從眾人簇擁，鎂光燈聚焦的電視舞臺，換到播音間裡的廣播節目製播，忍耐著孤獨與沉靜，就這樣繼續著音樂評論的工作，也嘗試創作，等待時機，趁勢再起。

多年後物換星移，但他在演藝工作上沒有停滯，反倒是持續堅持著，擔任廣播主持的工作，讓他與演藝圈持續有了接觸與聯繫，並能隨時保持高敏感度。

後來有了機會再次擔綱主持金曲獎、金馬獎、金鐘獎臺灣影視圈的三金盛會，因為優異的表現與全力以赴

的敬業態度，獲得肯定，而後經常在各大頒獎典禮舞臺上擔綱主持工作，再次活躍在鎂光燈前。在 2019 年的電視金鐘獎上，更獲得最佳綜藝節目主持人的獎項，獲得廣大的迴響與肯定，人氣不減當年，反而更創高峰，並且持續當紅。

舞臺永遠都在，只是你有沒有準備好。一時的失敗不用氣餒，放棄只要一秒鐘，而堅持則需要勇氣與決心，一旦放棄的念頭起來了，放棄了就不再有可能；而堅持到底則可以有無限可能，好事會隨之而來。

以結果論，一時的失利與失敗，不影響最終結果，堅毅的信念與態度的堅持，將造就璀璨的未來。**成功者永不放棄，放棄者永不成功**，說的就是這個道理。做不做得到，端看個人的一念之間，堅持一下下，累積夠多，效益驚人，將帶給你意想不到的收穫。

PART 2
成功思維

累積小成功，就可以成就大未來。

沒有天生的贏家，
只有不斷努力的勇者。

　　每個人都想含著金湯匙出生，生長在富裕人家，就能減少奮鬥二十年，甚至一輩子的發展都有人幫忙規劃好，但這就是幸福美好的人生嗎？

　　有人認為，這樣就是贏家人生，但誰能保證一輩子風平浪靜、無風無雨，幸福快樂的過一生？生活中總是充滿著不確定，生命中唯一不變的就是「變」，與其羨

慕別人的人生，倒不如活出自己的精彩人生，雖然沒有令人羨慕的家世背景，但只要持續的努力，就能創造自己的專屬人生。

自己的生命故事自己寫，自己的精彩生活自己創造。我們無法改變外在的環境，但是想法與夢想可以操之在我，不用羨慕別人，也不要看輕自己，生命是一場考驗耐力的馬拉松，過程會遇到什麼沒有人知道，但是必須明確的知道自己的目標在哪裡？努力、堅持，就能到達終點。

菜販陳樹菊出身一般，家境也不算好，只有小學畢業的學歷，著實不算是天生的贏家，但是不斷在自己的市場菜販工作上努力，比別人更用心的經營，心存善念，想要回饋社會，縱使經營菜販的過程不是一帆風順，但總是能用不凡的思維來看待世間萬事萬物。

自己的弟弟幼小早逝，家裡的負擔更重，她必須幫忙家計，投入更多時間，但是她沒有怨天尤人，看到臺

東醫療資源缺乏，反而立下宏願，想要幫助更多的人，將賣菜所賺的錢存起來，捐款給學校，捐款給機構蓋醫院、蓋圖書館，透過堅毅不拔的超凡意志，藉以成就更多事，幫助更多人。

社會上像陳樹菊這樣不斷努力的勇者不在少數，可見贏家不見得一定都是與生俱來、家世顯赫，只要有心，人人都可以是別人的重要他人；只要願意投入，任何事情一定可以找到出路，迎刃而解。

前不久，我遇到一位曾經教過的學生，他開心的與我分享目前的工作，說話的樣子神采飛揚，訴說著工作上的成就感。他受聘於一家丹麥商離岸風電公司，前途看好，待遇及福利都好，不到三十歲就年薪超過百萬，相當滿意，重點是可以有機會到全世界各地工作。

這位學生就是典型的人生奮鬥勇者，高中念職校，大學半工半讀念夜間部完成學業，在大學求學階段就立下目標要成為空少，所以不斷的充實英語能力，並考取

英語能力檢定的證照。大學畢業後，雖然沒有如願從事空少的工作，卻進到一間工廠成為老闆的祕書，跟著到國外各地參展，協助老闆英語相關的翻譯工作，將英語能力應用在職場上。

另一方面也學習機電相關知識，因緣際會下，派駐到日本工作一陣子，然後再轉職到目前的工作，將技術與語言結合與應用，成為工作職場上相當有競爭力的人才。未來更會自行創業，在專業領域上發光發亮，靠著自己的專業與經驗，成就一番事業。

生長在好的人家靠的是運勢，把自己的人生過得精彩是本事。不用羨慕別人的美好，反而要隨時提醒自己，重視自己的生命價值，創造人生的不凡。凡是能夠造福人群的事情，我們就努力做，持續不斷的做，在努力的過程中，自然會累積經驗。長而久之，努力與堅持的我們，就會是創造自己生命豐富旅程的藝術家。

累積小成功，成就大未來。

　　生活中經常看到很多人對於未來不知所措，渾渾噩噩的過著每一天，心裡其實有很多事情想做，但卻沒有把握是否能做到。對於自己未來的方向感到茫然，宛如站在十字街口，不知往哪個方向走，徬徨焦慮，不踏實的走著每個步伐，走一步算一步，過一天算一天。

　　當很多事情想做時，我們心中就會在無形中產生焦慮，因為過多想做的事情掛念在心中，大腦會不知不覺

的同時多工思考。多則亂，很多事情看似都有在做，但卻沒有一件事情可以好好做，做得好。

當心中有想做的事情時，不妨先將所有的事情寫下來，形成自己的待辦事項，一項一項寫下來，一來大腦不會因為要想著許多事情，占據了我們運算思考的區域，影響了思緒，且因為同時許多事情得做而心中產生焦慮。

將所有想做及得做的事情都記錄下來，則不會擔心害怕該做的事情沒有注意到，日後想不起來有哪些事情必須做而擔心懊惱。

然後再試著從所有待辦事項的清單中逐一進行，則可以讓每一件事情依序完成，且可以越做越有勁，事情再多也不會焦慮無法完成。

當完成一件事情時，可以在待辦清單中檢核確認完成，當待辦事項一項一項減少，就代表完成的事情越來越多，心中的焦慮越來越少，反而得到的成就越來越

多，大腦運作的效率更高，相較於很多事情想做但都做不好來得確切穩定多了。

　　在完成待辦事項時，有兩種思考方向，可以將所有待辦事項依事情的輕重緩急來排序，要事先做，因為時間有限，當然要把最精華、最完整的時間拿來完成最重要的事情。然後依序將清單上的每件事完成，必須問自己哪些事情是相對重要急迫的，哪些事情是可以稍微延後完成的。

　　例如下週一要跟客戶進行企畫案的提案報告、將房間打掃乾淨，以及繳房屋稅這三件事情，如果從急迫及重要性來看，下週一必須完成的提案應該是最必須優先完成的，因為相較於其中兩項，這會關乎到業務的往來及業績成效的決定，表現得好可以帶來好的收益，準備不好則可能利益受損，而其他兩項則較為次之，應該把握有限的時間先把該做的事情做完，再來完成其他次要的事情，事有順序，要事優先。

　　然而，有些人在面對多項待辦事項時，知道要事要先做，但是卻沒有把握可以立即進入工作狀態，讓事情按照自己的想法及規劃做完，反而需要另一種處理事務的思考方式，先從簡單的事情做起，獲得小小的立即成就，然後再依序挑戰完成其他的工作，最後再將最重要、最需要完成的事情也順利做好做完。

　　這時候或許可以從打掃房間或是繳交房屋稅這兩件事情的其中一件完成，當待辦事項清單上的檢核欄中越來越多事項被劃掉，我們心中就會更加的篤定，更有信心的來完成下一個工作項目。這個方式雖有別於「要事優先」的原則，但卻可以讓我們的大腦運作更為順暢，心中的焦慮減少，做事情的效率提升。

　　每個人做事情的方式各有不同，當你遇到讓自己裹足不前的徬徨狀態，不妨換個方式來處理事情，從困難、重要，無法一下子就完成的事情開始也好，或是從簡單、容易，只要花一些時間就能完成的事情入手也

好，較之想法很多但不付諸行動來講實際許多。

　　另外，也可以善用將大的任務分成許多小的部分，然後再逐步完成，如此一來就不會因為擔心過於困難，或是沒有把握完成而不去行動了。

　　人的思維即是如此，當有把握時就會想去做；當有過去經驗可以支持輔助時，就會願意去嘗試接受挑戰；當做任何事情有成就感時，就會有更多的動力想要去行動。換言之，**想要自己設定的未來目標可以達標，就從眼前的每一個小小的成功開始累積，累積許許多多的小成功，那麼未來的大成就也就離我們不遠了。**

　　這世界是公平的，每個人所擁有的時間都是一樣的，唯一不同的是，成功者在管理時間總是有其獨到之處，在處事思維時會有不同的觀點，如此才能有所不同，我們可以向成功者學習，只要記住，累積小成功，就可以成就大未來。

達成目標沒有捷徑，唯勤而已。

一位醫生朋友問我，怎麼有辦法每天都產出那麼多文字呢？

我回答他：不難，只要有「**恆毅力**」，然後刻意練習，讓每日勤勞寫作的習慣養成，產出文字就能像呼吸一樣自然。

日常生活中我有個習慣，就是想到什麼就趕緊拿筆寫下來，有好的想法一定要隨手記錄，然後再找時間整

理，讓思緒可以更縝密，也可以透過書寫來梳理自己的想法，久而久之，寫作自然不是困難的事情。

認真生活，隨時想、隨時寫、多記錄，善用小紙條及筆記本，整理零碎的想法還有系統性的資料，或是使用手機的錄音功能，隨手將任何時刻所產生的想法記下來，然後等到有完整的時間就進行整理。一次又一次不厭其煩反覆做著這樣的工夫，習慣就成自然，如果可以養成這樣的習慣，那麼駕馭文字、書寫文句不再是難事，而且會越寫越好。

社會上許多享有盛名的創業家或是成功人士，當記者訪問他們是如何成功的，十之八九會回答說「**比別人認真、努力**」，換言之就是勤勞，且要持之以恆，可見**要成功沒有捷徑，唯有勤勞而已**。

美國游泳名將菲爾普斯，除了自身擁有好的條件之外，更是每天下水練習，不管夏天或是冬天，一定每天照著既定的計畫來完成每日所必須做的事情，嚴以律

己，勤勞的完成每天的游泳訓練內容，不管多冷也都堅持要完成當天的泳訓，只為了讓自己可以在奧運游泳比賽上達標獲得金牌。

勤勞可以達標，但不能只有三分鐘熱度，讓勤勞變成習慣著實重要，勤勞的堅持就像複利一樣，會產生很大的力量。另外，勤勞的堅持也是一種好的習慣，這本身還包括了自律的成分。據說日本知名作家村上春樹的作品能夠多產又備受好評，源自於他的一個好習慣，且能堅持到底，每天固定寫作數千字，寫到一定的量才停止。因為寫作的緣故，持續思考，整理思緒，且會更用心觀察生活周遭的事物。

寫作的靈感來自於生活，寫作也需要大量的思考，持續的寫作與思考，造就村上春樹可以持續寫作不斷，也因此駕馭文字就沒有困難了。村上春樹的作品享有盛名且相當賣座，他的成功就是來自於他勤勞的堅持。

有些人矢志一年至少要看完五十二本書，那麼以終

為始，每週至少要看完一本書。要能每週看完一本書，則每天至少要把書打開來看，朝著目標前進，時間一久，除了一年看完五十二本書的目標達成之外，也養成了閱讀的好習慣。

　　想要寫作出版一本書，那麼可以設定目標，要完成十萬字的內容，以一年五十二週來估算，則每週要寫出兩千字左右的文稿。養成每天書寫的習慣，並且堅持到底，到了年底就能看到豐碩的成果。但如果半途而廢則另當別論，只要嚴守紀律，持之以恆的勤於筆耕，相信一定可以如己所願，完成一本著作。

　　除了每週書寫之外，生活中不妨多些觀察與記錄，多些閱讀與筆記，然後找時間整理，寫成完整的文章，藉此練習思考與統整，並透過文字的輸出，將想法與觀察記錄下來，這是有效的學習方式，也是讓自己的思緒可以保持不中斷的方式。一旦寫作的習慣養成，寫作能力的達成就指日可待，**寫作能力的提升沒有捷徑，唯勤**

而已。

　　做任何事沒有終南捷徑，只有持之以恆的勤勞付出與努力耕耘，**時間花在哪裡，成就就在哪裡**，以前的人如此，現在的人也如此，相信未來的人也會是如此。

你不一定要很厲害才能開始，
你一定要開始，才能很厲害。

　　看到別人有好的表現或成就時，你是不是經常聽到很多人說：「我又沒有很厲害，我一定做不到啦！」妄自菲薄的直覺反應說出心裡的想法，還沒有嘗試去做，就覺得自己一定做不到，這是由於對自己沒有信心使然，更多時候，是沒有去加以思考別人為何能夠有這樣的好表現與好成就。

　　另外，有些人會打從心裡羨慕別人，「他好厲害喔！不知道怎麼辦到的，我也好想要有這樣的成就喔！」看到別人有好的表現及成就，除了欽佩羨慕之外，想要取法乎上的動機油然而生，這樣的想法較之前者更為正向積極，同樣的事件，不同人會有不同的看法，觀點不同，成就也會不同；想法不同，結果也就大大不同。

　　確實如此，做任何事情只有空想是不會有結果的，「實踐力」是重要的關鍵能力，成功者的故事聽了再多，沒有行動也只是徒勞無功。如果可以設想他人為何能有這樣的成就，他是如何跨出第一步的，加以仿效，就算是嘗試了許多次的失敗，只要不放棄，不停止，持續的前進，就算無法達到像別人一樣的高度，與原本的自己相比，也大大的進步了，可見有想法更要有實踐的行動力。

　　坐而言不如起而行，做任何事情開始最不容易，若

能勇敢踏出第一步，那麼就離成功不遠了。專業的扯鈴表演者鄭湧蒼，是臺灣唯一進入「中國達人秀」總決賽的扯鈴達人，目前更是外交部國際青年大使。

　　不到二十歲就有這樣成就的他，其實也是從扯鈴素人的初學者開始，國小時在學校裡看到扯鈴表演，羨慕別人的扯鈴技巧神乎其技。與其他同學一樣，心裡想著，如果可以有這樣高超的扯鈴技巧不知道有多好，然後請爸媽買了人生中的第一個扯鈴，開始在家裡練習。

　　一次又一次的從基本功入手，強大的動機支持著夢想的實現，當同班同學都轉移焦點去從事別的才藝與運動學習時，他還是堅持著原本的起心動念，有朝一日想要站上舞臺，成為很厲害的扯鈴選手。

　　因緣際會之下，參加了臺北市的扯鈴比賽，優異的表現成就了自己這段時間以來的辛苦投入，獲得了掌聲與肯定，也從此成了同學眼中很厲害的人。後來加入表演團體，開始更辛苦的訓練歷程，白天在學校裡上課，

放學及假日就重複著練習再練習的反覆行程，不是訓練就是表演。

因著對於扯鈴的熱愛，讓自己可以持續堅持著自己的夢想，優異的表現，後來被「中國達人秀」相中，邀請他到大陸參加選秀比賽，過關斬將的從初賽、複賽進入到總決賽，準備過程的辛苦與煎熬，不是一般人能夠想像，最後脫穎而出，創意與技巧兼具，在這樣大型的選秀比賽中，被看到他出神入化的扯鈴技巧與精湛演出，一舉成為幾千萬人口中的「厲害的人」。

在一次他的演講分享中，他說：「我不是一開始就這麼厲害，我是因為開始練習扯鈴，一次次從失敗中走出來，練習再練習，現在的我才能有這樣的厲害表現。」當然他努力的過程是外人沒法完全體會的，但是他的努力與堅持，卻是我們可以學習仿效的。

任何領域的達人都有其過人之處，每個人的際遇都不同，每個人成功的訣竅也不同，但是可以確定的是，

他們之所以會有令人稱羨的好表現與成就，都有一個共同點，就是**敢於行動的實踐力**，有了開始，才有機會夢想成真。

　　沒有人一開始就很厲害，但是每個成功的人都是越來越厲害的，所以，當你有任何想法，起心動念之時，勇敢踏出第一步，向前邁進吧！

努力重要，
而有時選擇比努力更重要。

　　天下沒有不勞而獲這麼好的事，想要怎麼收穫，就要先那麼栽，一分耕耘，一分收穫，努力是通往成功必要的條件。然而，有時候選擇比努力更重要。

　　人的一天，根據研究必須進行九千次的選擇，有人輕而易舉的下決定，有人三心二意，做不了決定，生活中瑣事的選擇與決定，就得花許多的時間來思考，彷彿

有了選擇障礙。不管下決定速度的快慢，有時候決定的當下就會影響後續，因此有人慎重其事，每一件事情都不馬虎，因為深知做好選擇的決定，比較不會讓後續所投入的時間徒勞無功。

　　生活中大小事的決定，有些並不會影響太大，例如早餐吃什麼？吃三明治配奶茶，或是包子搭配熱豆漿，或是蛋餅加上一杯冰奶茶，這樣的選擇無可厚非，沒有對錯，只有個人的喜好，對於我們生活中的一天沒有太大的影響。

　　然而，有時候在做決定時，選擇的當下就會影響未來的發展，選擇對了，花費少少的力量及時間，則可以收事半功倍之效；選擇錯了，則可能要花更多的時間與精神，才能夠達到所設定的目標，滿足自己的期待。

　　舉例來說，找工作時，是要選擇一份安穩、只要做好例行性工作朝九晚五的工作，還是要選一份責任制、沒有固定上下班明確時間、充滿挑戰的工作，選擇哪一

份工作沒有對錯，但卻關係到未來自己的生涯發展。可以選擇適合自己個性的工作，同時也必須依照自己的個性與能力，來做為工作選擇的依據。

這時候的選擇必須看遠一點，若只是看到眼前穩定工作，但沒有仔細評估工作內容，那麼後續可能會遭遇工作不適應，或是有不能大展長才的缺憾，必須轉職再找其他的工作，如此一來，耗費更多工夫及更多的時間與精神，必須再走一次求職的歷程。

高中生選擇文組或是理組就讀，也是人生中重要的關鍵時刻。有些爸媽幫孩子做好安排，認為選擇理組未來比較好就業，但卻沒有評估孩子的興趣與意向，直覺的以未來工作導向做為選擇的依據，本末倒置。

到頭來孩子雖具備了求職的基本條件，但工作起來並不開心，也不如自己的意，還是得從頭來過，花更多的時間，但卻沒有得到等同的報酬，這也提醒了我們，有時候「**選擇比努力更重要**」。

雖說選擇比努力更重要，但努力可以讓你創造更多的選擇，讓人生關鍵時刻的選項變多，而不是只能屈就於單一選項。創造自己人生的無限可能，必須來自於勤奮的努力，沒有努力就沒有一切，努力嘗試各種可能，讓可能極大值，然後在選擇時就可以有更多的機會，這時再來談如何選擇。

過去的年代講究單一與專工，所以常會有進入社會後無法學以致用的情形發生。常常聽人說「擇你所愛，愛你所擇」，但若真的是不適合的工作，咬著牙做下去也是百般不願。現在講求多元與跨域，如果可以讓自己成為 T 型人才，擁有多元的能力與生活經驗，如此一來，選擇時可以更有彈性，也比較不會有一旦選錯就無法回復的壓力與擔憂。

為了讓自己不要陷入無法選擇或沒有選擇的窘境，平時必須培養自己多元的生活興趣，以及工作上多元的能力，時下流行的斜槓青年，就是擁有跨領域不設限的

特色，具有多樣化的能力，能打造自己的優勢，創造自己的競爭力，讓自己成為生命的主導者及主動的決定者，而非被人生的選擇給羈絆，努力再多而徒勞無功。

努力重要，因為努力是做任何事情的基礎，如果可以在努力的基礎下，再發展自己的多元能力，嘗試多種生活挑戰，那麼不但可以讓自己的選擇更多，也可以更清楚明確的知道，自己想要的是什麼。**在正確的選擇下，努力事半功倍，時間一久，自然可以看到累積所爆發的力量與效益。**

不放手，直到夢想到手！

　　放棄何其容易，而堅持卻要費盡力氣，兩者差別只有一念之間，但影響卻是千里之遠！

　　夢想成真，這對很多人而言是多麼遙不可及，但只要用對方法，確定目標，投入夠深，時間一久，還是可以築夢踏實，如願以償。但很多時候，我們會因為看不到終點而提前放棄，或是還沒有開始就直接宣告結束。

　　有夢最美，因為當一個人對學習、生活或工作有了

目標，就能讓自己充滿了鬥志與熱情，每天都有源源不絕的動力可以讓事情做得更好，且可以更充分的運用時間，因為充滿熱情使然，很多事情都因此變得容易了。

　　生活中，我們經常可以看到百萬銷售業務員分享他們的成功經驗，他們因為相信自己，精彩的過每一天，認真的投入工作之中，縱使是學習新的事物也充滿了活力，每天都是全新的一天，勇敢圓夢的他們，**每天一早喚醒他們的是熱情**，而不是鬧鐘。之所以會成為百萬銷售業務員，是因為幫自己設定了目標，且有紀律的進行了目標管理，及讓自己達標的自我要求。

　　我有一位好朋友，他是一位汽車銷售員，因為對汽車的熱愛，高中畢業就進入職場，沒有令人稱羨的學歷及背景，但他卻是公司每年銷售排行榜的常勝軍。

　　投入職場至今已屆三十年，但卻沒有半點職業倦怠，每天還是一樣準時打卡上班，服務還是一樣熱情，縱使已經擔任公司的高階主管，不用到展售現場站在第

一線，直接為客戶介紹車子的配備及各項性能，反而比業務員更有耐心的為來店的客戶服務。不為汽車銷售是否成交而煞費苦心，而是為了展現汽車銷售的專業及提供全方位的客戶服務而真誠以禮相待。

在他的眼中，沒有銷售不掉的車子，只有找不到賣掉車子方法的人，縱使客戶不見得滿意，縱使客戶想要到處比價，縱使客戶猶豫不決，他還是一本初衷，以提升專業的汽車本質學能及讓客戶高度滿意的自我要求，在工作崗位上做好自己的工作，點點滴滴不斷累積。

數十年如一日，每天下班後，撰寫著自己一天的工作日誌，並將客戶服務的備忘錄整理好，手機二十四小時全年無休開機著，就是怕錯過任何一位顧客的即時需要協助與幫忙。

三十年的累積，成就了一位汽車銷售職人的汽車夢想，現在的他已經成為業界銷售的達人，他成功圓夢的經歷，值得所有想要投入汽車銷售工作的年輕人學習。

　　反觀許多經常更換工作，不時在尋求下一個成功機會的人，之所以無法在一份工作上持續的投入，是因為在夢想成真前，自己提前放棄了，因為放棄，所以無法看到自己成功的那一刻。

　　有時候，成功與放棄只有一線之隔，只要再堅持一下下，就可以看到隧道貫通所穿透進來的光線。抑或者如同鑿井，挖掘許久，總是看不到任何的水滴，最後放棄了，只差最後的關鍵力量，就可以成功，但卻因為放棄的一個念頭，就看不到源源不絕的水源出現在眼前。

　　不管做任何事情，只要目標設定，堅持夠久，沒有實現不了的夢想；反之，經常更換目標，半途而廢，放棄的是自己對於夢想的堅持，如果可以轉個念，換個想法，那麼將很快看到夢想成真的自己。

　　因此，不妨透過**目標管理**來讓自己更靠近成功，甚至讓自己夢想成真，先設定明確的目標，然後量化可達成的進度，持續不斷做好讓自己達標的每一件事情，然

後確實檢核成效，並且滾動修正，再次的聚焦，永不放
棄，直到成功的完成自己的目標，達成自己的夢想，經
常為自己打氣鼓勵「**不放手，直到夢想到手**」，相信你
的人生一定大不相同。

一個承諾，一輩子的堅持。

　　說到做到，是一個人做事情的態度，更是一個人給人的直接觀感，如果可以在與人互動時，建立信賴感，就是建立起個人的品牌，將讓我們在做任何事情時更加無往不利。

　　與人相處之道，不外乎就是建立「*互信*」，一旦信賴關係建立，彼此間產生密切的聯結，有助於溝通與討論，能讓事情的處理更加有效率，無形之中暢通管道，

少了很多細節上的再次確認。但要有這樣信賴感的建立，有賴於日常生活中點點滴滴的經營，等同於品牌的建立，當個人品牌一旦建立，則互信基礎就此建立。

因此平時必須打造個人的品牌，與人相處或是做任何事情一定要紮紮實實，不可絲毫馬虎，點點滴滴仔細的經營，才能累積成為值得讓人信賴的品牌。若是在這樣的基礎下高規格的自我要求，則可以建立品質，打造自己的人脈黃金存摺，讓自己的人際關係更上層樓。

誠信為本，無信不立，做生意講求的是信用，不可以因為貪圖小利或是便宜行事就破壞原則，違反標準作業流程，偷工減料最要不得，更遑論違背良心，為牟利而做出傷天害理的事情。

之前鬧得沸沸揚揚的地溝油事件，就是值得借鏡的實例，好不容易建立起的商譽及品牌，一夕之間全毀，樓起樓塌存乎一心，創業艱難，費力又費時，而毀壞只要一秒，必須步步為營，謹慎為之。

　　好的銷售人員具有「**說到做到**」的特質，與客戶相約拜訪，一定會在約定時間前就到達約定地點，在談話過程中，客戶不經意的一句話，聽在銷售人員耳中，就是重要的關鍵話語。

　　曾經有位壽險從業人員，在為客戶提供長照相關業務內容諮詢服務時，客戶提及在廣播節目中聽到關於政府所提供的「喘息服務」，但對於確切的內容不太了解，會談結束後，該位壽險從業人員上網搜尋相關的資料，並主動去電社會局相關承辦單位，探詢目前的政策執行方式，還提出自己的疑惑請求解答，然後整理成專案的報告，並與客戶相約拜訪，碰面時將製作完成的專案報告紙本遞給客戶，並將專案報告電子檔傳到客戶的電子信箱，供其使用及分享給親友。

　　此舉獲得客戶高度的肯定與專業上的認同，除了服務了客戶，也讓自己在長照服務方面有了更深一層的收穫，幫助了客戶也提升了自己的專業知識。更重要的

是，把客戶的小小需求當作自己重要的待辦事項，獲得客戶的信賴，也持續打造自己的品牌。

長久下來，將客戶的事當作是自己最重要的事，與客戶往來說到做到，服務的品質值得信賴，個人的專業及誠懇的與人互動，就形成了口碑，口碑行銷造就個人的業務績效提升，更建立了個人的專業形象，個人品牌就此確立。

一個承諾，一輩子的堅持。在日文中，「TAKUMI」稱之為「匠」，意指琢磨至臻，止於至善，在職場上的涵義即是從事一項專業成為達人，則必須有一定程度的歷練，做同一件事情要有一定時間的淬鍊，才能具有一定的水準。

想成為某一領域的專家，大約需花 10,000 小時，沒有歷經 60,000 小時的技藝磨練，則沒有資格被稱為工藝大師，60,000 小時換算每日的工時，也就是每天工作 8 小時，一年工作 250 天，必須歷經 30 年才能達

成，且必須持續不斷 30 年，才能成為工匠。

在日本成為匠師，等同於世人對其的認同與肯定，享有米其林三星稱譽的「壽司之神」小野二郎高齡九十幾歲，七歲開始投入料理技能工作，三十九歲創業擁有自己的壽司店。直到現在還是每日工作，對於壽司品質的堅持有其獨到之處，也因對專業的堅持，壽司製作技術獲肯定，而有「二郎流」的稱譽，美國前總統歐巴馬訪日時，日本首相特別在他的壽司店設宴款待，就是對其壽司手藝的肯定，在日本料理界堪稱一大殊榮。

因此，不管大事或是小事，我們做事情的態度都要全力以赴；不管重要的人物或是平凡老百姓，我們與人交往都要真誠相待，**事事都是要事、人人皆是貴人**，高規格的待人接物為自我要求的原則，高品質的辦事成效，且能如同匠師達人般的專一且堅持，不求人生的超越與不凡，但求每一件事情都能仔細為之，打造個人品牌獲得信賴將不是夢想。

想贏，就要先不怕輸！

　　怕，好多事情就不用做了。很多時候，我們在嘗試做一件事情時，都會存有害怕的感覺，都還沒開始做就想東想西，往往都往負面的情形去想，想越多就越不敢去做，還沒有開始，就已經打退堂鼓了。

　　另外，對於生活中的大小事，有些人積極的準備，準備四成就衝了，邊做邊修，有些人要有完全把握才肯動手去做，而因此錯失了許多機會，其實，**想贏，就要**

先不怕輸。

　　沒有人做任何事是保證一定成功的，就好像企業創業家，我們眼前所看到的成功，他們的背後不知道歷經幾次的失敗，而有了現在的成功，可是一般人都會有迷思，只看別人的成功一面，不會想到他們其他創業失敗的經驗。

　　沒有人是不會失敗的，重要的是能從失敗中學到經驗，讓下一次的嘗試減少失敗。換言之，先不怕輸，嘗試去做，才有可能贏。

　　舉例來說，有人想出版屬於自己的一本書，努力寫稿，好不容易累積一定量的稿件，準備投出之際，卻開始東想西想，自己所寫的文字內容會不會被出版社接受？出版的書會不會滯銷沒人買？會不會有人批評這本書寫得不好？會不會第一本書就成了人生中的最後一本書了？都還沒有把稿件寄出，心裡就開始懷疑自己，到後來有可能前功盡棄，想想還是算了，連看到自己辛苦

寫下的文字付梓的機會都沒有，就宣告放棄了。

　　想贏，就要不怕輸，如果可以換個角度想，先不管書本暢銷與否，先達成自己所設定的目標即可，準時在約定時間內交稿，盡可能配合出版社完成校稿的工作。最後出書、銷售就是出版社的事情了，大可不必操心，縱使書賣得不好，也可以作為下一本書寫作方向調整的參考，不必太過在意。

　　不暢銷的原因許多種，而作者寫作的方式及內容呈現，只是其中的一部分，調整方向，持續寫作，下一本一定可以比這一本更好。

　　全球暢銷書《哈利波特》系列作者 J.K. 羅琳在寫出這些暢銷書前，也是不斷的嘗試寫作，如果沒有先前的寫稿、投稿經驗，怎麼會有後來這本全球超暢銷的鉅作誕生，而讓她晉身為全球知名作家，集名利於一身。

　　知名的餐飲連鎖集團王品集團，旗下有多間知名的餐廳，王品牛排及西堤牛排都是家喻戶曉的餐廳，營收

及口碑都很好。另有多家不同類型的餐廳，集團創辦人及經營者就是不斷的嘗試創新，不管所開設的餐廳提供的餐點，是否能迎合大眾口味，市場調查後，作足工夫就推出，各類型餐廳陸續開設，各種餐點依序推出，大部分餐廳的餐點都極獲好評。

其中經常客滿的人氣餐廳，也曾創設定位不明、餐點設定不對，最後關店退場，該公司所採取的經營策略，就是在穩定的基礎上不斷創新，擴大經營規模及市占率，打造集團成為餐飲業的霸主。

雖然創新經營過程中，也曾有過失敗的開店經驗，但瑕不掩瑜，大家終究還是記得創店成功的餐廳，還是記得王品集團品質佳、口碑好，服務獲得肯定。

如果王品集團沒有持續的創新展店，繼續開設各類型的餐廳，只想堅守原本打下的基礎，享有已經獲得的成功與營收，害怕創設新品牌的餐廳可能會失敗及帶來虧損，則集團的經營與發展，不會有如今的成果，也不

會成為知名的餐飲集團，也可能因為其他競爭對手不斷
的創新與擴展，影響了原本的收益，最後讓王品集團失
去競爭力。

　　想贏，就要不怕輸，但這並不是教大家在沒有準備
的情況下就冒風險，而是應該在確定目標後作足準備，
然後嘗試去做，並且全力以赴，縱使可能失敗，但投入
的過程就是學習歷程。**時間會過去，經驗會留下，能力
會帶著走，成功則大有可能**，只要持續不斷努力、不斷
修正，以結果論，還是可以讓未來的自己比現在的自己
更好、更進步。

這個世界的美好之處，
不是取決於我們所在的位置，
而是我們前往的方向。

　　這是一個最好的時代，也是一個最壞的時代，好的是科技日新月異，為我們帶來許多的便利，壞的是未來會怎麼發展沒有人知道，要怎樣才能跟得上呢？要怎樣才能為因應未來做好準備呢？

　　其實不用過度疑慮緊張，只要清楚知道自己現在所在的位置，以及明白自己未來想要到達的地方，**為自己設定目標，然後擬訂計畫，每日執行計畫，持續的修正計畫執行的方式直到達標。**

　　因為時間寶貴一點都不能浪費，所以必須設定目標，有了目標即如同列車行進有了方向，如此一來前面不會方向錯置，只要讓自己持續保持在動的狀態，前進不會停滯，對於生活周遭的大小事感興趣，做事動機滿滿，熱情不斷。

　　只要願意，不怕沒工作可以做，這是目前社會上的狀態，只是你對工作能否接受而已，另外，你在做這工作時，你的態度為何。

　　不同思維方式，傳統賣菜也可以成為電商，幫顧客服務到家；開計程車也可以搭上手機網路浪潮，開啟行動叫車，讓計程車的服務不是只有載客，還可以跨足餐飲，成為擁有廣大客群的生活服務業。所以重要的不是

你從哪裡開始,而是你用什麼方式,讓你從目前的位置來到你想要到達的地方,這時候思維就很重要。

態度決定高度,想法決定作法,有想法的人會為自己設定目標,這目標不會是好高騖遠、遙不可及,而是可以量化進度持續檢核成效,以隨時讓自己知道目前的狀態,滾動修正,調整前進的軌跡,向著目標前進。

記得高中聯考後,一位同學的爸爸找了我們幾位同學到他的公司打工,我們負責的是到客戶家裡換新機上盒的工作,沒有底薪,也沒有時薪,採論件計酬,每天必須要成功換裝一臺機上盒,才有實質收入。除了換機屬於技術性的工作之外,還必須依照顧客名單,逐家逐戶進行拜訪與說明來意,完成換機工作後還必須請客戶在換約表格上簽名才算成功。

一開始的我們沒有經驗,不懂得如何陌生拜訪,也不知道如何與客戶交涉,以至於一天成功換機的數量寥寥可數,再加上沒有壓力,不用急著出門,每每一大早

幾個同學都聚在一起聊天、下棋、唱歌、打電玩，直到快中午才出門。如果遇到客戶不在家，或是溝通不良不給換的不順狀態，則早早的回到公司休息。

下雨天當然就更不用說了，不出門為原則，當時打工的我們，並沒有在工作中得到成就感。當下的我思索許久，要如何才能提升自己的裝機量以提升業績，畢竟每天一趟路出去，油錢與午餐都要花費，最重要的是暑假時間寶貴，既然決定打工，一定要有所收穫，不能平白浪費掉。

當時的我給自己設定目標，一天至少要換裝機上盒十五臺以上，若能達標，換算日薪可以有一千五百元，等於是建築工人在大太陽下辛苦工作一日的薪資水準。

有了目標，該怎麼計畫執行呢？於是我拿起了客戶名單，依路線來區分，先從住戶密集度高的區塊進行，可以減少通車的時間，然後在出門之前，先行電話確認是否有人在家，在進行電話確認時，還必須先試著思考

與客戶講電話的談話內容，預想可能進行的應對對話內容，及如何說服對方，讓我們可以順利到府換機服務。

就這樣擬定計畫、規劃路線，安排上下午的服務區塊，然後開始執行，兩人一組分頭前進，每天下午五點再回到公司集合，就每個人所遇到的特殊案例，進行討論及提出可行的因應策略。

每個人所遇到的特殊情形不一，有被狗追的，也有被客戶誤認為詐騙集團而被轟出來的，也有不得其門而入的，也因為有這些阻擾與不順，讓我們得以集思廣益，討論與顧客攻防的策略及說話的方式。

就這樣每天的討論與演練，讓我們的裝機成功率達標，且日益上升，最高一人一天裝機二十五臺，讓我們利用暑假打工，先將開學後的學費賺了起來，還學到了許多後來在職場上可以應用的經驗及能力，賺到的不只是金錢，還有難能可貴的經驗。

同樣的一群人，做同樣的事，有無設定目標，決定

　了最後的打工結果，從原本沒有效率的工作表現，到後來的超標不凡表現，讓我們著實學會設定目標的重要。

　　沒有目標則不知要往哪裡前進，沒有計畫則不知道該如何進行。設定目標後，擬訂計畫、確實執行、檢視考核，再次行動，這是一個滾動修正的歷程，持續為之，將看到自己不斷的成長。

　　不管現在我們所處的位置在哪裡，懂得設定目標，執行計畫，心中常想著自己要往哪走，多年以後，回首過往，你將看到這一路走來的美好。

思維決定行動，現在決定未來。

　　別說不可能！當年有人說登陸月球是不可能的事情，但當阿姆斯壯登陸月球時，這樣的言論不再出現。時至今日，美國特斯拉公司創辦人馬斯克，正籌畫著帶著人類到外太空旅行，當大家還心存懷疑時，馬斯克異於常人的想法正設法落實中，相信不久的將來，一定可以聽到人類搭乘太空船到外太空旅行的消息傳來。

　　沒有不可能，只有做不做。當大家普遍不看好時，

馬斯克沒有因此而卻步，反倒是設法執行他心中的想法，讓夢想成真。他關注的是他心中認為最重要的事，他思考的是如何達成目標，而且他能「**以終為始**」，在明確知道目標時，逐步規劃如何達標，縱使這樣的目標在旁人看來遙不可及，但沒有做怎麼知道做不到呢？

AI 人工智慧興起，許多過去我們覺得不可能的事情，現在都一一成真。機器人可以代替許多人力的工作，需要叫車，透過手機 APP 簡單操作，無人駕駛的電動車到家接送，不再是天方夜譚的未來式。

如果只是一味堅守既有成就，不求突破與思索未來，則將被時代的洪流所淹沒。唯有前瞻未來才是王道，沒人有預知未來的能力，但勇敢做夢，想人所沒有想，做人所不敢做，大膽創新才有可能搶得先機。

目前臺灣餐點外送市場新經濟型態崛起，街頭巷尾經常可以看到騎著機車的餐點外送員，穿梭忙碌著為在線上點餐的顧客服務著。靠著收取服務費及店家所付的

費用，正擴大著營業版圖。除了改變了我們的消費模式之外，未來許多餐飲業的生態也因此而改變，沒有針對此波外送熱潮而有所因應的店家，未來即將被淘汰，而能夠看到廣大商機的餐點外送平臺，就是能夠用不一樣的思維方式來看待新的商業模式生成。

回想過往，便利商店逐漸出現在街頭巷尾，逐漸成為你我生活中不可或缺的一部分，當我們慢慢的習慣便利商店時，傳統的雜貨店正默默凋零，最後成為歷史的印記。一開始，沒有人想到會有今日的榮景，也沒有人可以想見，我們生活中有這麼多的事務可以在便利商店裡完成，而當時能夠有這樣前瞻想法的業者，主導了臺灣近二十年來的消費模式，並正開創、引領著下一波無人商店新商業模式的開展。

過去買賣都要經由實體店面及現金交易，受惠於科技進步，許多消費及購買行為出現在網路平臺上，結合手機與綁定帳戶的信用卡及虛擬貨幣，正取代了傳統

的現金交易，更快速、更方便，透過第三方支付，讓業者及消費者更有保障。可見事在人為，不受限的思維方式，才能開創無限可能的未來。

foodpanda 看準了未來廣大的外送商機，勇於投資就是為了將來而打算，縱使現階段在臺灣還是處於虧損的階段，但若沒有此時的投資決策，哪會有未來的營收爆發成長。**思維決定行動**，要做這樣的決策，必須有全盤的考量，以及前瞻的思慮，且能忍受目前的虧損，才能享受未來的收益。

現在決定未來，當競爭對手紛紛投入這個場域，覬覦這塊大餅時，這粉紅外送軍團正積極投資臺灣，搶得先機之外，也擘劃著未來的營運藍圖。

高效能的企業管理者，在設定目標後會以終為始，將達成目標所該進行的步驟盡可能規劃出來，才能照著計畫來進行，最後檢核成果看看是否達成目標。懂得如何做計畫，就是高效能的管理者與眾不同的思維方式，

謀定而後動，檢視成效才能修正後再前進。

　　而沒有想法、沒有計畫的人則是先做再說，遇到困難再來想如何解決，但很容易因為卡關而因此放棄，兩者之間的不同處顯而易見，差別就在於思維的方式。

　　YouTuber 影片創作者當紅，身邊一些朋友都想從事影片拍攝提供服務，經營自己的頻道。能夠順著時代潮流的脈動前進是好事，但大部分的人沒能堅持到最後，中途放棄，可惜了一開始所投入的熱情、金錢與時間。

　　然而有人卻在競爭激烈且殘酷的影片創作媒體圈中存活了下來，並且成為擁有廣大收視訂閱觀眾的網紅。有人拍影片是興趣，有人拍影片是為了賺錢，不管是為了興趣或是賺錢，都應該試想自己是否適合，以及該如何做到，有想法也要有行動，最後才能達到目標。

　　我有一個朋友，把日常生活拍攝下來當作生活記錄，為的是未來可以回顧與檢視，另外也可以分享自己的生活。拍攝影片紀錄生活與上傳頻道分享給網友與觀

眾，是他每天持續在做的事情，時間一久，習慣收看他的影片的觀眾越來越多，他也不會因為收看的人多了，就改變了原本的生活型態，只為了取悅觀眾。如此一來，他因為興趣支持，持續了幾年不間斷的影片拍攝與分享，現在是擁有一定知名度的網紅 YouTuber。因為堅持且嚴守紀律，造就他現階段的不凡。

　　未來想要看到什麼風景，現在就要試著勇敢踏出第一步。但出發總要有個方向，先幫自己訂個目標，然後再想想如何到達目的地，不用想太多，考慮太多就出不了門，也不能都沒有想，不然會不知道怎麼前進。

　　想法先於行動，現在決定未來。管理學上有許多大師提出相關理論幫助人進行目標管理，其中協助 Google 進行管理，並有效的提升營運成效的約翰・杜爾提出「OKR」（目標與關鍵結果），這套系統簡單而強大，教人清楚知道自己當下最重要的事情是什麼，然後思考如何達成目標，相對於其他的目標管理模式，這樣的思

維方式簡單且容易了解，讓思緒單一有助於清楚做事情的脈絡，目標明確單一，只關注在最重要的事情上，這樣一來就能在有限時間內發揮效果，達成目標。

思維決定行動，現在決定未來，知及行都很重要，而行之前要知道往哪走，思維會決定行動，沒有想法就不知道如何行動。想像力就是未來的競爭力，勇敢作夢，對於未來才有所期待。

想法不同，成就一定不同，未來也會因此而不同。主動積極的人，看待人生是自己掌握命運，生活中的大小事自己主導，化被動為主動，把握機會追逐自己的夢想。正向思維的人，看待人生是樂觀進取，事有兩面，他們總選擇看光明面，同樣過一天，與其悲傷難過，倒不如開心過每一天。

選擇是自己面對事情的決定，思維是做事情的考量，不管選擇還是思維，掌握決定權的是自己，就從這一刻起，讓我們看準目標，前進吧！

PART 3

改變人生

能力的達成，有賴於習慣的養成。

世上沒有絕望的處境，
只有對處境絕望的人。

　　下雨了，有些人心想：「怎麼下雨了，很多事情都不能做了！」有些人則是心想：「好久沒下雨了，下雨天的空氣清新，很不一樣，真好！」同樣的處境，不同人就有不同想法，存乎一心，「**轉念**」可以讓想法更開闊，讓生活更美好。

　　高速公路收費員原本是很穩定的工作，但是因為電

子收費的實施，很多人因此失業，對於生活感到失望，再加上出社會第一份工作，就是在高速公路收費站收費，穩定而單一，也因此沒有預做其他準備。面對工作的失去，頓時不知所措，走上街頭陳情抗議，希望可以得到補償，或是轉介就業到別的機構上班。

　　原本穩定規律的生活，瞬間變得灰暗、徬徨，有些收費員因此對於未來感到絕望，但有些收費員卻化危機為轉機，平常已經習慣的工作，讓生活規律而沒有變化，因為突如其來面臨遭受裁員的處境，讓自己有個契機可以重新思考未來，嘗試找到另一個工作，發現自己不一樣的人生風景。

　　與其哀怨失望，遭遇挫折從此過一生，倒不如重起爐灶，走一條全新不同的路。重新開始，或許辛苦充滿考驗，但卻會有全新的視野及充滿驚喜的人生。

　　遇到困難，對處境絕望，那麼就真的灰心喪氣、沒有鬥志；轉個彎，換個想法，更可以從絕境逢生，找到

出路，更有可能因此開創新局。

　　數年前，次貸風暴及 SARS 引發一波產業的倒閉潮，有些大老闆因此破產，對不起自己的員工及家人，因而走上絕路；但也有些人生聚教訓，藉此機會重新檢視自己的處境及事業營運的方式，縮小規模，減少支出，成功度過危機，也利用此段時間訓練人才鞏固基礎，以迎接下一次的景氣復甦，搶得先機，並獲得再一次的成功。

　　有些學生面對指考或是學測，考得不好就覺得好像世界末日來臨，人生已經沒有希望，事實上並沒有這麼嚴重，多元社會講究多元價值，成績不再是一切，反而可以找到自己的競爭優勢，開創自己的一片天更為重要。只要對於人生處境不感到絕望，任何時候都可以從危機中找到轉機。

　　順利考上大學第一志願的人，大學畢業後也順利就業，進入令人稱羨的公司上班，順利的過一生；沒考上

第一志願的人，轉個念頭，不再執著一定要重考，直到考上自己的第一志願不可。

　　考試失利不等於世界末日，反而進入社會工作，從學徒做起，學習技術與相關的知識，幾年下來，歷練夠了，也成為該領域的專業從業人員，剛好遇上景氣好轉，自行創業當起老闆，也開創了自己的一片天。

　　人生是一場考驗持久耐力的馬拉松，而不是短距離的賽跑，一時的失敗不代表永遠的失敗，魯蛇（Loser）與溫拿（Winner）的差別只在一念之間。沒有過不了的檻，只有不想跨越的人，想法成就未來，轉念讓人更加海闊天空，當你遭遇了挫折與困難，請記得告訴自己：**「世上沒有絕望的處境，只有對處境絕望的人。」**

　　只要不抱持失望的想法，甚至不感到絕望，任何事情都有轉圜的餘地，不管今日的天空多麼陰暗，太陽明天依舊升起，陽光同樣燦爛。

　　成功的人擁有成熟的思考方式，為自己打氣鼓勵，

縱使遭遇失敗還是可以鼓舞自己永不放棄，然後檢討改進，為自己找出路。正向思考，等待契機，讓自己可以反敗為勝，創造自己生命旅程的新扉頁。

你曾贏過全世界的難，
最後卻輸給自己的懶。

　　能力的達成，有賴於習慣的養成，有好的習慣，就能讓很多事情順利的上軌道，自然可以通過各種考驗；反之，沒有好的習慣，縱使有再大的能力、再好的機會，也有可能錯失良機。勝利操之在我，世界上最難的事情，莫過於無法戰勝自己懶惰的習慣，改善壞習慣，讓勤勞的好習慣如影隨形，就能戰勝一切。

　　大家應該都有這樣的經驗，當你有目標的時候，當你想做一件事情的時候，你會廢寢忘食的投入這一件事情，**每天叫醒你的不是鬧鐘，而是熱情**。這時候你會非常勤勞，非常認真的去做這一件事情，再難的事情，都不會覺得難，因為會想辦法去解決目前所遇到的困難。

　　舉例來說，有些人想要成為 YouTuber，就會開始收看目前當紅 YouTuber 頻道的所有影片，訂閱所有自己感興趣主題的頻道，開始上網查找可以怎麼入手，需要準備哪些器材。透過在網路上的爬文，一步一步去了解其中相關的知識，遇到不懂的相關概念及問題，會再透過各種方式來解答自己的疑問。

　　其中企畫及剪輯影片對於新手來說，都不會是簡單好入手的事情，但是對於想要成為 YouTuber 的人來說，這卻是不得不去學習的一門專門學問，為了製作讓大家喜歡的影片，經常得要熬夜剪片，為了讓自己的作品可以在觀眾面前完美呈現，一次又一次的在影片裡加上特

效及字幕,這需要花非常多的時間,更要不厭其煩的修改、播放直到自己滿意為止。

當自己的影片上線後,有了一定的收看族群,但是為了維持訂閱數的穩定成長,則必須經常拍攝影片、上傳影片,也必須經常與粉絲互動,回覆相關留言,並且要留意目前大家所關注的題材,才能搭上話題,不被流行給甩開。

另外,還要從後臺看各支影片的流量,以知道收看影片觀眾喜好的影片主題,及觀看影片的時段,才能精準掌握,製作拍攝受眾想看的影片,持續的讓自己的頻道訂閱數上升,影片觀看時間增加。

在 YouTube 影片平臺開始風行的年代,有許多的頻道創作者經營自己的影片頻道,開啟自己的影片頻道帳號,上傳分享自己的影片並不是困難的事情,但是要製作專業的影片上傳頻道分享,則需要企畫、錄製、剪輯及行銷各項事務,這就不是簡單的事情。

　　然而一旦有了熱情，為了達成自己的目標，這些困難的事情不再是困難。但是其中有些人在經營影片頻道一陣子後就停滯不前，甚至荒廢，沒有努力的經營，是不會看到成長的結果的，後來由於自己的懶，使得先前辛苦打下的基礎無法延續。

　　行百里者半九十，萬事起頭難，能夠堅持到底不容易，勤勞得以讓每天的工作進度順利達標，勤勞也可以讓每天的工作累積看得到成果，養成勤勞的好習慣非常重要，一旦勤勞的習慣成功養成，那麼就能像勤勞於耕耘的農夫一樣，每到收穫時節，就有著豐厚的莊稼可以收割。

　　別讓自己的懶惰，拖垮先前的努力。**刻意的練習及恆毅力的實踐，可以使你戰勝懶惰，迎向成功，**每日勤勞、規律的照工作進度前進，最後一定可以達標。

世界上那些最容易的事情中，
拖延時間最不費力。

　　偷懶、拖延是人性，除非你是能夠非常嚴格自我要求的人，不然還是難免會有想要拖延、偷懶的時候，因為這就是人的天性。

　　而要改進，讓自己減少拖延、偷懶不是不可能，而是自己要不要，當自己想要擺脫拖延的習性，不再偷懶，則可以藉由習慣的養成，讓自己準時的完成各項工

作，有效率的工作、學習，以達成自己所設定的目標。

　　要讓自己做事情不拖延，或是減少拖延、偷懶所產生的損失或減輕後果，可以把握「**要事第一**」的原則，在時間充裕及精神體力豐沛的時候，先把重要的事情完成，然後當自己的惰性出現時，拖延到的只是一些比較不要緊的事情，這是消極面對偷懶及拖延的因應之道。

　　世界上做每一件事情都很費時間、精神及體力，而最不費力的就是「拖延時間」，經常看到小學生將每日回家作業拖延到最後一刻，才在爸媽的提醒與催促下勉為其難的完成，因為相對於寫作業，看電視、上網顯得更輕鬆愉快，所以能拖則拖。

　　大學生的專題報告撰寫，許多人總會等到學期末才開始動工，而學期中的課餘時間就安排打工、參加社團或是做自己有興趣喜歡的事情，應該要積極努力準備的報告不斷往後延，相對於上述的事情，準備報告是自己比較不喜歡且較沒把握的事，所以不想面對，能拖則

拖，到了關鍵時刻最後的期限前再來完成，就成了我們的慣性，久而久之，拖延的習慣成自然。

若是想要讓自己擺脫拖延的習性，則必須要大破大立，設定目標，然後隨時檢核，唯有透過這樣的方式才能即知即行，積極的完成該做的事情。每個人都想輕鬆，若可以坐著就不會想站著，有簡單的差事可以做，就不會想要挑戰困難的任務。

因此，要突破這樣的習性，就必須**為自己設定目標，然後提升行動力**。當行動力啟動且養成規律習慣時，懶惰及拖延的習性及出現頻率則會減縮，且會讓規律工作的表現持續，這就需要自我練習。

比方說，設定了每日閱讀或是每日書寫的目標，就必須嚴格的執行，不可以說服自己明天再做，或是今天工作太累、心情不好，明天再做好了，或是明天補回來，這樣讓自己大腦放鬆的方式，都會成為後續拖延習慣養成的開端，所以必須展現「今日事今日畢」的決

心，以及培養持續為之的恆毅力，每天及每次該完成的事情絕不拖延到隔天，沒有完成就不可以去休息，或是做自己喜歡做的事情。

當養成習慣時，你就會發現很多事情做起來都超有效率，拖延反而變成了自己不習慣的事。

從小事做起，即知即行，確實行動，時間片刻不等人，時光一去不復返，養成不拖延的好習慣，除了可以讓各項事務做起來迅速，也可以順利完成任務，更可以有充裕的時間檢視工作成果，讓自己的心情更穩定，當心情穩定了，做起事來也不害怕恐懼，當然就更順心愉快了！

**把焦點放在結果，你將不會看到改變；
把焦點放在改變，你將會看到結果。**

　　每個人都會有慣性，當習慣了某種生活方式，就會照這樣的方式來生活，久而久之，已經忘了什麼時候開始有了這樣的慣性。生活如此，做事情的態度也是如此，一旦我們的思維以及做事情的方式定型後，是很難改變的，若是刻意想要改變，則必須花費很大的工夫與氣力，才能達成目標。

「**思維決定行動，行動決定未來**」，做任何事情，想法先於行動，有些人總是害怕行動，擔心自己做不來，擔心結果可能不能盡如人意，因此，想著想著就裹足不前了。過度在意自己的能力，以及一味追求要有好的結果，只准成功，不能失敗。讓自己壓力過大，患得患失，縱使有前進的動力，也會在行動前就打了折扣，更遑論持續前進，以看到更美好的未來了。

其實只要持續的前進，縱使沒有達標，投入的時間及花費的精力都不會白費，因為在前往目標的過程中，所採取的行動及所嘗試的改變，都將會讓我們收穫滿滿。在每一次嘗試改變的歷程裡，我們將思考目前的生活樣態及做事情的方式，從現況中思索可以更好的方向，及可以加以行動的方式。

當我們把焦點放在改變上，我們將啟動全面性的自我提升，生活中或是工作上的點點滴滴累積，將使我們成就不凡。較之當下，因為行動而有改變，將每一次積

極改變的經過,都當作是一次讓自己可以朝向更加美好未來的契機,那麼我們將對於未來抱持更多的想望,這些正向積極的改變也將成就更美好的結果,讓我們可以迎向更美好的未來。

　　如果每件事情都先考慮結果,一定要對自己有所幫助才去做,或是考量結果是否有利益才去做,那麼很多事情將無法完成,因為生活中有太多事情是不能考量利益得失,必須有人去做的。

　　當我們在做這些事情時,不妨換個角度來想想,雖然做這些事情沒有辦法得到好處,眼前也無法立即看到結果,但若沒有開始去做,怎麼會看到改變,又怎麼能夠看到改變所帶來的結果。

　　生命是條長河,有時我們忽略了過程,只看重結果,例如學生的學習,國中會考或是大學學測,每到放榜時,媒體總會競相報導各校升學成果,考取第一志願的學生人數有多少,但卻很少針對個別學生的學習努力

歷程加以報導。總是喜歡以結果論，卻不把老師努力教學的付出經過，及學生學習的努力過程加以記錄分享，只有看到榜單上的數字，是沒有太大意義的。

當我們能夠關注到學生學習提升及老師精進教學的歷程，去探討師生互動及同儕相互幫忙的學習點滴，從這過程中我們可以看到改變的經過，更可以發現因為改變而產生的不同，更能體會其中的價值。

當學生學不會時，或是對於學習產生困惑時，我們如果執著的希望他們可以馬上學會，甚至可以立即學習成功，我們將焦點關注在結果，這時我們會採取各種方法及策略，進行目標績效管理，只講求達成目標，過程並不重要，過度在意成功時，我們看的是事情有沒有做對，目標有沒有達到，結果不見得會盡如己意。

但是如果我們關注的是個人的努力過程，我們會進行個案檢討，從各個小細節來進行分析，為什麼學生學習學不會，從時間的管理，到學習的方式及態度、學習

的方法是否正確等等，針對個人來進行關注，那麼我們考慮的是人，而不是只有學習成功。

如此一來，縱使最後在學習上沒有成功達標，我們還是可以看到個人在學習努力歷程上的成長與改變，教師更能以學生為中心來進行教學關注，反而不會在意考試成績得幾分，或是是否能夠考上明星學校。

同樣的視角，會有不一樣的焦點關注，當焦點放在改變上，則結果可以預見，當焦點放在結果上，則會因為過度執著達標與否，而看不到因改變而帶來的美好。

**遇到挫折，華麗轉身，優雅面對，
你將遇到更美好的自己。**

　　朋友在臉書上寫下自己遇到不講理的承辦人給予的刁難，一來說出心裡的話讓自己好過些，二來藉此分享心情，散發正能量，情緒管理極佳的她，很快自我調適，讓自己在最短時間內走出情緒的牽絆，從負能量脫離，更因此鼓勵了身邊的人。

　　別被別人的情緒影響，生命應關注在更多我們在意

的人身上，讓正能量傳遞，用笑容及愉悅的心情來面對生活中的每一件事情，如此才能開心歡喜的過每一天。

　　沒有人每天都開心，沒有人是每一件事情都稱心如意的，也因為生活中有了波折，及各種大小事情的煩心，遇到開心快樂的事情時，歡笑聲才更令人難忘。喜怒哀樂，總是伴隨著每一天的我們，人生就是如此，沒有人能確保萬事如意，但卻可以用不一樣的心情來面對所遭遇到的事情，並且調整自己的心情。

　　做任何事情，遇到蠻橫不講理的人不是我們所願，但卻不是我們想避免就可以避掉的，與其被他人的情緒牽著走，影響到自己一天的心情，造成工作進度上的耽誤，打亂了既有的工作行程，這樣的損失非常不值得。

　　不應該被他人的不講理與情緒勒索，造成不必要的損失，而是應該勇敢做自己，用不一樣的處理事情方式來看待這樣的特例，畢竟遇到不講理的人，或是生活中遭遇波瀾並非常態，此時可以轉念思考，換個方式來看

待事情，讓自己更優雅的面對逆境，將使自己的思慮更為縝密，想法更為開闊，更理智的處理事情。

當一個人心情好時，做什麼事情都順利；當一個人心情不好時，做什麼事情都會感覺不順。同樣的人在做例行性的事情，怎麼會有這樣的差異呢？這是因為自己的心情影響了思維模式，進而使得思慮不清、動機不強，然後心情影響了臉部表情及說話方式。

因為倦怠感使然，處理事情時負能量提升，在意別人的想法，因而裹足不前，沒有信心把事情做好。反之，信心會影響行動，好心情使人做任何事情都躍躍欲試，在這樣的心情下與他人互動，都能讓人感受得到。

所以我們看許多業務成功，或是銷售業績長紅的人士他們在業務處理上總是笑臉迎人，讓人感受到對於事情的專注投入，更想與他們相處，因此業績長紅，做什麼事情都順利。

「生氣，就是用別人的過錯來懲罰自己。」明明

是別人的過錯，卻要我們來承受，這是非常不明智的，但生氣是情緒排解的方式，人總要為自己找到紓壓的方式，如果可以在身處逆境時轉念思考，遇到挫折時改變想法，將生氣的頻率降低，不讓別人的過錯與不當的情緒影響了自己，「華麗轉身，將使自己更加優雅」。

　　而生氣及口出惡言只會獲得一下子的心情抒發上的滿足，而憂傷與低潮不但對自己沒有幫助，反而會影響到自己的工作效率及做事情的態度。

　　每個人都想事事順心，但這是不可能的，遇到挫折與面臨困境是人生中的家常便飯，我們無法改變外在環境，但我們可以為自己的情緒管理做主，從生活中練習遇到事情華麗轉身，退一萬步想，就沒有那麼嚴重了。事過境遷再來看待當下，可能就有不同的想法，執著將有所失去，放下反而可以在未來再次擁有，生命的精彩由自己創造，改變自己的思維，你將遇到更好的自己。

如果你不是忙著成長，
就是忙著死去。

　　網路世代，知識爆炸，媒體影音串流崛起，現在的學習方式與以往大不相同，相信未來的學習將更異於現在。瞬息萬變的社會脈動下，要能不被潮流甩開，且能站在浪頭上引領風騷，就是要能掌握學習關鍵，讓自己與時俱進，無時無刻的成長。

　　「**學習如同逆水行舟，不進則退。**」這是一句來自

典籍裡的話，看似八股，但用在現今也相當妥適，鼓勵我們如果沒有持續學習成長，將被知識的浪潮給遠遠打到岸邊，最後停滯在岸上。

如何讓我們的學習可以跟得上知識脈動與媒體訊息的大躍進，掌握學習的關鍵，學習如何學習，將讓你不再猶疑踟躕，並且站在浪頭上持續前進。

好的學習觀念、方法與正確的學習策略，是讓人立足競爭激烈的職場與學習場域金字塔頂端的決定關鍵，大至企業經營管理與規劃，小至個人的知識脈絡養成，要有良好的成效，都仰賴著個人的知識與經驗，擁有他人所沒有的，強化自己已經獲得的，將使自己在自己所屬的領域創造競爭力，並獲得優勢。

目前在餐點外送業界獨占鰲頭的兩大平臺，foodpanda 與 Uber Eats，就是掌握時代趨勢與潮流，看準商機，運用最新的科技與通訊技術，且不斷的更新與修正，才能迎合顧客的需求，為顧客帶來方便，為店家

帶來商機，也為自己公司的營收帶來大幅度的成長，可謂是在知識經濟年代創造了三贏，更開創了新的商業模式。而我們個人的學習也該如此，必須跟上潮流，用新的觀念及有效率的學習方式來創造個人的知識量體。

商業競爭激烈，一時的企業霸主不代表永遠的勝利，必須持續的保持著競爭優勢，才能不被社會競爭潮流淘汰。手機產業就是一個很好的借鏡，過去的通訊產業，芬蘭手機大廠諾基亞打著「科技始終來自於人性」，設計出符合大眾使用需求且又堅固耐用的手機，市占率最高，成為世界手機產業翹楚。

然而時過境遷，當蘋果的 iPhone 手機問世，觸控螢幕與更即時的通訊串流技術，改變了人們手機使用的方式。而今時序更迭，蘋果公司必須與時俱進，推出更多更新的科技產品，投入更多的技術研發，不斷的領先，永續經營才能有所期待。

不管是企業經營或者是個人學習，都必續持續成

長，**唯有成長才能永續**，停滯將使人失去競爭力，最後走入滅絕。

　　要讓自己不斷成長，就必須為自己找到持續成長的動力。首先，可以維持熱情，對任何事情都去嘗試，探索生活中的有樂趣的事情將使你找到熱情；然後增加行動吸引力，可以與朋友一起做有興趣的事情，例如一起共組讀書會，一起閱讀、學習成長，或是與朋友一起健身減重，透過社會連結，讓自己持續不斷的投入所正在做的事情上，讓自己持續不斷的成長。

　　另外，在嘗試任何立即行動後，給予自己行動後的增強，此舉可以讓自己展現恆毅力，在往後的成長歷程中更有動力，更願意投入，且可以持續不斷的做這一件事情。

　　減重塑身即是如此，在每次跑步健身後幫自己拍一張照片，或是記錄所量測的體重，可以看到體重計上的數字的改變，還有體態上更健美了，將會使自己更投入

這件事情，且願意投入更為持久。

　　世上唯一不變的事情就是變，滾石不生苔，流水不腐敗，**持續的成長有助於個人知識經驗的提升**，讓自己保持在最佳的狀態，讓自己更有熱情，更有動力。

　　為了不被淘汰，我們必須不斷精進；為了成就更加美好的自己，我們必須持續成長，唯有如此，生命才能持續展現光芒。

習慣的養成，決定能力的達成。

　　習慣影響人至深，從生活中的大小事、學習上的態度及表現，到工作職場上的做事方式，都與一個人的習慣養成有相當大的關係，好的習慣養成可以讓人循序漸進的進入自己熟悉的工作模式，日積月累終能造就成為個人專屬的關鍵能力。反之亦然，當壞的習慣養成時，也會積累成個人的生活模式，影響自己在生活、學習及工作上各方面的表現。

「**點點滴滴，都是累積，大事小事，全力以赴**」，正確的態度會造就不凡的人生，日常生活中的小事，只要認真做，都能從中學習有所獲得。

掃地的工作每日認真做，也可以體會一絲不苟的敬業精神，從小事中體會做大事應該有的態度及思維模式，當生活中的日常小事都能全力以赴，一旦肩負重任或是機會來臨時，就可以不畏挑戰，昂首迎接，因為日常的積累而有良好的表現，獲得青睞，創造自己的非凡人生。

好的學習態度及習慣，會影響人一輩子的成就。三歲決定一生，現在決定未來，越早養成好的習慣，就能越早讓人的做事模式走上正軌，不斷的修正，才有機會越來越好。

以學生在教室學習為例，養成每日準時交作業的好習慣，可以讓學生的學習越來越好，因為要準時交作業，則要做好自己的時間管理，能夠做好時間管理，課

堂上的學習就能跟上老師的步調。

　　課堂上專注聆聽，課後做好複習，只要照著老師的教學步調走，就能達標。如此一來，不會因為學習落後或是沒跟上老師的教學進度，延宕自己的學習進程。長此以往，學生在各個學習階段就可以順利完成學習任務，時間管理良好，好的學習習慣養成，造就學習能力的達成。

　　在課堂中作筆記的習慣也是如此，有個學生在聆聽老師講述課堂教學內容時，只是聽講；另一個學生聆聽老師講述教學內容時，一邊將重要的內容記下，並將自己不清楚的概念加以筆記，課後再來尋求解答。

　　在課堂中以這樣的方式持續學習，到了國中，課堂內容加深加廣，此時因為這樣的學習習慣早已養成，會有自己的專屬各科筆記，方便檢核老師上課的內容再次複習，也讓自己在學習歷程上留下足跡，更形成自己的能力，可以藉此能力勝任更艱深的學習任務，讓自己的

學習表現更好。

　　不久前新聞報導讓大家熱烈回響的北一女學霸筆記，大家一定不陌生，當大家看到這樣的筆記時，除了讚嘆之外，更可以了解原來學霸能考上臺大第一志願其來有自，可以看到她努力的過程及紮實的學習基礎。

　　更因為自己的筆記為自己帶來一筆收益，可以成為自給自足的謀生能力，行有餘力則做公益，讓更多人受惠。從學霸的學習養成可以窺見一二，習慣的養成越早越好，除了及早養成好習慣之外，更要重視的是態度，態度決定高度，良好的習慣加上正向積極的態度，則可以成就一的人的未來。

　　有一句話這樣說：「**你的姿勢決定你是誰！**」聽起來有些弔詭，仔細思考真的有道理。拔河比賽上，繩索的兩端，兩支一起較勁的隊伍，我們可以從準備比賽的起手式動作看出端倪。

　　訓練有素的選手基本動作紮實，一絲不苟，照平常

教練指導的標準作業流程進行準備，另一邊則是依照自己的想法來應付比賽。比賽結果可想而知，專業的隊伍成就專業的比賽表現，日常訓練的點滴累積，造就比賽時的好表現，從隊員參與拔河比賽的姿勢，就可以得知誰具有冠軍相。

在課堂裡也是如此，當看到一位學生每堂課都認真投入的學習，在課堂裡的每個學習任務都不馬虎，從握筆到書寫，從朗讀到合作學習，專注投入的神情及動作，可以看出學習有無投入，如果再擁有良好的學習態度，則可以使自己的學習表現更佳。

律師出庭，我們可以從言談及肢體動作，看出專業的表現及充分準備之下所呈現的自信，將每一次的出庭視之為重要的任務，將客戶的大小託付都看做自己最重要的事情，全力以赴，就能展現自己專業。

律師專業表現的背後，是法條及律令的反覆熟悉與一再的攻防演練，勤查法典的習慣，讓自己在說話表述

時堅定無懼；學習也是如此，讓自己有好表現，可以從日常學習開始點滴累積，紮實的建構自己的學習歷程。

　　「**習慣的養成，決定能力的達成**」，從養成好習慣開始，不斷的修正精進，隨著時間的經過，習慣成自然，更能成就自己的各項能力，這些能力在日後會持續展現，成為自己生活的日常。

競爭對手也可以是合作夥伴。

　　世界上沒有永遠的朋友，當然也沒有永遠的敵人，所以說，平時的敵人也有可能是朋友，在競爭的道路上一起前進，共創美好。

　　日前有一則新聞悄悄瘋傳在各大社群媒體，美國速食界兩大龍頭麥當勞與漢堡王，竟當起了「一日朋友」，在商業界同業彼此都是競爭對手，當對方市占率提高時，就相對使自己的市占率受到影響，所以會隨時

保持高度警戒,掌握對方的一舉一動,盡可能提出可以勝出的行銷策略,以在業界占一席之地,保持優勢。

　　然而,這兩大以銷售漢堡著稱的速食業者,竟有同樣的共識,因麥當勞在美國推出了一個方案,為罹患癌症兒童募款,活動當日只要購買「大麥克」漢堡,麥當勞就會捐款。漢堡王為了共襄善舉,希望客人亦能支持麥當勞做善事,於是決定停售熱門暢銷的招牌「華堡」一天,希望促使麥當勞的大麥克銷量提升,以幫助病童,此舉引發民眾熱議,更稱讚漢堡王高招。

　　據聞當天麥當勞的大麥克漢堡並沒有因此而大賣,但漢堡王這樣的行銷策略,反而獲得更大的迴響,是企業行銷策略上可以參考的案例。

　　商業競爭有時不見得是消滅對手,而是共創雙贏,透過競爭把餅做大,讓更多的消費者有更多選擇,也因此擴大了市場,讓所有業者都獲利。這樣看似競爭會讓彼此都受到影響的策略,反而因此吸引到更多的消費者

上門購買，這樣的逆向思考操作方式值得深思與學習。

　　以臺灣目前越來越多的手搖飲料店為例，看似飽和，但還是有越來越多的業者加入，創新品牌或是開發新的產品，以獲得消費者的青睞。每年的手搖飲料營業總額不斷上升，更有許多連鎖品牌業者到國外展店，成就了另一番臺灣奇蹟。

　　從臺灣紅到國外，甚至在日本還掀起一波珍珠奶茶的熱潮，臺灣的珍珠奶茶成了日本最流行的飲料。因為競爭，使得業者必須推陳出新，必須重視品質，還得隨時掌握顧客的喜好，依照顧客的喜好來推出產品，打造自己的商業品牌，才能站穩市場。

　　因為同業競爭，使得各種飲料產品百花齊放，吸引更多的顧客消費，創造出臺灣的手搖飲料奇蹟。可見競爭沒有使市場萎縮，反而還擴大了銷售的業績。

　　另外，德國兩大汽車品牌賓士與寶馬，相互競爭幾十年，因為競爭所以不時創新，深怕被對手超越，鑽研

汽車科技研發，讓德國造車工藝獲得全世界的肯定，並迎來死忠的顧客，彼此惺惺相惜，皆為汽車業界深獲顧客喜好的品牌。

汽車業者如果沒有了競爭，則進步會停滯，久而久之就會被其他的產品所取代，就像最近乘勢而起，引領風騷的熱門電動車品牌特斯拉，造成許多生產傳統動力汽車業者的巨大威脅，如果沒有與時俱進的創新，哪能在業界屹立不搖。

賓士與寶馬因為彼此競爭，並在技術研發上不斷更新，在新能源動力研發上也有斬獲，更有底盤、操控及性能上的優勢，還是能在這波電動車熱潮下站穩腳步。

在臺灣的街頭，也經常能夠看到競爭對手彼此拉抬聲勢的現象，異業結盟共創雙贏，或是同業競爭擴大銷售業績。有兩家緊鄰的店家，一家賣飲料，另一家賣便當，彼此不會因為對方生意好而眼紅，反而互相拉抬，掛上紅色布條互相加油，賣餐點的店家寫著「隔壁這家

飲料很好喝」，賣飲料的店家寫著「隔壁這家餐點很好吃」，不但路過的行人被吸引了過來，媒體也來爭相報導，引來許多顧客上門，業績上漲兩三成。

競爭對手不一定要是阡陌不接、涇渭分明的平行線，偶爾也可以交會一下，說不定會擦出意想不到的火花。職場上的同事也不一定要彼此防衛，深怕對方取代了自己，彼此之間可以是競合關係，既是競爭關係，也是合作關係，以開放的思維來謀事，共創雙贏並非難事，一起進步，提升職場競爭力。

學習場域也是如此，同儕之間不必因為怕別人學習成效勝過自己而懼怕與對方討論分享，合作學習更能提高學習效率，教別人這個學習方法的使用，可以使自己學得更好，這也是競爭合作的可行參考方式。

把敵人當對手，想的就是如何打敗對手；把敵人當夥伴，則可以想出雙贏策略，提升彼此的價值，在競爭的道路上一起前進，共創美好。

就算做你不想做的事情都有可能會失敗，倒不如冒險去做自己熱愛的事。

做自己喜歡的事情，可以徹夜通宵、廢寢忘餐，一股腦兒的投入到底；但做自己不喜歡的事情時，則再怎麼有附加價值或是有所收益，還是會覺得興趣缺缺。因此，與其渾渾噩噩的過每一天，倒不如真真切切做自己熱愛的事，闖出自己的一片天。

Joeman 是知名 YouTuber，頻道訂閱超過一百萬，

是當前擁有高人氣非常夯的網紅創作者，擁有交大電子工程的高學歷。原本應該是在順利畢業後就進入科技業上班，但因為延畢時擔任電競轉播賽評，因緣際會開啟了他不一樣的人生。

而後輾轉因為電玩遊戲認識了朋友，進入科技業，擔任微星科技公司主機板的產品經理，同時擁有兩份工作，在擔任產品經理時，也兼差《星海爭霸》電競轉播賽評的工作。

當時的他在電競界擁有高知名度，較之同年紀的上班族，收入頗豐。但在從事產品經理幾年後，毅然決然離職，開始企畫拍片，當起專職 YouTuber 的工作。當時許多人勸他再想一想，好不容易打下的江山，說放就放太可惜，但他還是不為所動，還是照著自己的想法走，從產品經理的工作離開，也放棄了電競轉播賽評的工作。

在他擔任主機板產品經理這份工作時，他與電競選

手重度玩家一起合作，從電競賽事的玩家角度來思考，設計出更符合消費者需求的主機板產品。

因為投入所以能做出成績來，也因為熟悉自己所開發的產品，在全世界各地電腦展上都能獲得客戶青睞，擁有很好的業績。因為工作投入，所以不管在電競賽事轉播或是產品開發上，都有好的成績。

但他並沒有安於現況，還是決定出走，不再做產品經理，而是冒險去做自己熱愛的工作。離開原先令人稱羨的工作，需要很大的勇氣與決心，當起專職 YouTuber 的 Joeman，比以往更為投入，持續的企畫拍攝影片之外，也開設公司為自己的事業奮鬥。

在過去的基礎下，很快的就因為影片內容新穎，題材吸引人，主持風格受歡迎外，口條極佳，頻道訂閱人數沒有幾年就突破百萬，更獲得各界競相邀約合作。

他寓工作於樂，樂愛工作也享受生活，持續走在創業冒險的道路上，未來還要一圓寫小説的作家夢，相

信一定可以夢想成真。因為當時的他選擇冒險創業，走一條更為艱難的路，才會有後來成為全臺知名百萬訂閱YouTuber 創作者的成績。

我的一位學生也是充滿著冒險精神，正做著自己喜歡的事。原本的他是清華大學電機研究所的高材生，畢業後可以順利進入科技業，擁有年薪百萬不是夢想，但卻在即將畢業前選擇休學，去走一條陌生全新的路，不管旁人如何勸阻，還是照著自己的想法前進，自己的人生自己掌握，做自己圓夢的主人。

休學後的他到職訓局學習木工，學習認識各種木頭的材質及屬性，到各種手工具的使用及氣動、電動工具的操作，從零開始，點滴累積，進入與之前完全不同的場域，砍掉重練，再一次的練功提升經驗值，讓自己擁有各項技能。

據他的說法，與其畢業後安穩的從事科技研發工作，待在研究室裡，領著穩定的薪水，過著令人羨慕的

人生，但那又如何，這並不是他想要的生活。他想要的
生活是冒險，走自己的路，做自己想做的事，木工就是
他的興趣，也是他想要冒險開創的事業。

　　過去研究生的生活，每天得要看原文論文，每天接
觸英語，現在還是一樣，保持著持續閱讀英語的習慣，
只是閱讀的內容不一樣了，現在所看的都是與木工相關
的專業文章，一來可以豐富自己的專業知識，二來又可
以與國際同步接軌，掌握業界最新的動態。

　　因為喜歡，所以瘋狂投入，自己找代理商進口木
材，上網尋找各式工具。也因為「工欲善其事，必先利
其器」，為方便木工創作榫接不使用釘子，在遍尋不著
適合的工具情況下，自行到國外尋找各種合適的器材及
機器，除了讓自己受惠，也造福了國內木工愛好者，更
因此開啟了木工器具的貿易之門，進口相關的材料及周
邊商品，做起國際貿易，成了木工機具的代理商。

　　因為喜歡，所以瘋狂投入，創作了自己的木工作

品，包括櫃子、椅子、桌子及其他的木作小家具，也協助客戶進行技術提升與困難排除，親力親為讓自己所擁有的技術不斷提升，還拍攝產品使用說明影片供客戶參考，影片剪輯及後製都是自己來。問他為何不委外，他說：「**唯有自己做過一次，才能知道完整的歷程，才能知道客戶會遇到的困難是什麼。**」

就是這樣的精神與態度，讓他的客戶越來越多，業績越來越好。也因為要服務更多的木工愛好者，他開啟了電商事業，架設網站，管理賣場都自己來，就是要提供最好的服務。這樣的青年創業家，未來前途無可限量，值得我們期待他的好表現。

人生只有一次，可以照著理想的劇本走，也可以隨心所欲的任性冒險開創自己的未來，沒有人能保證怎麼做就是成功，成功與否不是重點，重要的是有沒有認真投入，全力以赴。

冒險的精神不能沒有，不然就不會有所創新，也不

會開啟所有的可能，當有所把握之時，或是起心動念之時，勇於冒險，就去做自己喜歡、熱愛的事，然後堅持到底，讓生命沒有白活，讓時間投入沒有白費！

生活沒有目標，
猶如航海沒有羅盤。

「**願景領導**」是指領導人在帶領團隊時，提供給團隊成員可靠、真實，且具吸引力的未來。這是讓組織成員對於未來前進的方向，有了明確的目標，能夠讓團隊可以發展更好，讓組織前進時更有動力，領導者所提出的願景，就會是所有成員前進的目標。個人的生涯規劃，也可以為自己設定目標，為自己的未來提出願景，

將使自己在學習及工作上更有目標，且更有動力。

　　根據哈佛大學的一項研究發現，同年畢業的大學生，能夠為自己設定未來目標、自我期許的人，十年後的收入是沒有為自己設定目標的人的十倍，由此可見設定目標的重要性。

　　有了目標，生活有了重心，每天認真投入工作與學習，且知道未來的自己會走到哪裡，更會從生活中找到學習仿效的對象，進行楷模學習，以讓自己未來可以比現在更好，這就是目標設定的好處。

　　生活沒有目標，每天生活或是工作只是將例行公事完成，做了但不見得做完，做完但不見得做好，隨著時間的經過，會發現自己幾乎在原地踏步，沒有長足的進步，這是因為沒有對於自己的工作或生活設定目標。

　　如此一來就無法跨出舒適圈，或不願意挑戰不一樣的任務，學習新的事物。久而久之，就不會知道每天的生活目標是什麼，當生活沒有目標，則如同航海時沒有

羅盤，會讓人恐慌，不知該怎麼辦，最後懷疑自己。

　　出發，總是要有個方向，不然只是浪費時間，最後還可能得要走回頭路。大家應該都有這樣的經驗，在衛星導航還沒問世前，找路對很多人來說是很困擾的一件事。在一般道路還好，如果在陌生的環境，更是會讓人感到不安，到底目前所走的路是對的嗎？若是走在山上的產業道路，開車時會越來越懷疑自己，雖然是看著指標前進，但前面還會有路嗎？走這條路會到達所要去的目的地嗎？

　　有時候還沒有走到終點，因為自我懷疑就掉頭離開，最後功虧一簣，這是在有路標指引的情況下所致，若是連指標都沒有呢？行駛在陌生的道路上，會令人害怕、不安，若是有基本的羅盤指引方向，就能找到出路，確認自己所走的方向是對的，不管時間花費多久，最後總會到達目的地。

　　有了明確的目標，就能隨時檢核，確定前進的方

向是對的，就算方向錯誤，也可以及時修正，在前往目
的地的道路上，不用再額外浪費時間。例如搭火車到臺
北參觀動物園，從臺中搭火車，心中有明確的目的地，
在火車上可以及時確認方向是否正確，行駛中的車窗外
出現新竹的車站指標，就能篤定目前正行駛在正確的方
向，不久後即將到達臺北。

可見目標的重要，生活必須要有目標，才不至於渾
渾噩噩，得過且過，目標不見得要很遠大，但要確實，
由小而大，有效做好目標管理，可以提高工作效率，更
可以實現心中所設定的願景。

設定目標必須把握幾個原則，「**以終為始**」，先確
立目標，盤點目前既有的資源及可用的時間，推算達標
所需時間，及目前可用的時間有多少，且目標必須明確
才有助於檢核。因此還必須要「**量化進度**」，將每天或
是每週所必須執行的任務具體寫下，做好規劃，則有助
於目標的達成。

　　然後「**檢核成效**」，經常檢核成效，可以發現目前的進度是否照著預期走，若是落後則可設法趕上進度，且檢核成效時，後設認知可以幫助釐清目前的學習或是工作方式是否有效率，方便自我調整，最後還要「**反覆修正**」，持續的滾動修正，可以讓自己的做事情方式更為有效率，自我效能也會提升。

　　目標管理是企業界常用的提升工作效能策略，當然也可以用在個人的工作及學習表現上，為自己設定目標、擬定願景，將有助於自己的成長。當生活有了目標，投入時間夠久，自然可以看到生活中的無限美好。

PART 4

創造成功

以他人的成功經驗為師，不自我設限。

你可以不讀書，但是你不可以
停止學習，若是要有效學習，
那麼讀書是你可採行的方式。

　　資訊爆炸，目前已經是手機及網路的世代，許多
人已經不再開卷閱讀，反倒是每天會使用手機與朋友互
動，透過手機閱讀社群的相關訊息，取得訊息及獲取新
知識的媒介已經不再只有書本，若是要增加新知，擴大

生活經驗，學習自己感興趣的相關知識，透過網路就可以自學，輕鬆又方便，且可以找到更多更新的資訊。

有一次，一位學生跟我說：「老師，為什麼一定要讀書，我就是不想讀書！」

聽了他義憤填膺的這樣說，我和緩的跟他說：「你可以不讀書，但是你不可以停止學習。」

你一定會覺得，身為老師的我怎麼會聽到學生這樣說，就順著學生的想法，回答說可以不讀書！一般的家長聽到孩子說不讀書時，一定會很納悶，也很懊惱，也有些爸媽會因為孩子的不讀書而生氣。

中華文化的傳統價值就是「唯有讀書高」，很多人都以為讀書只是為了考試，為了在考試取得高分，認真讀書只是為了可以順利升學，進入自己的理想學校，卻忽略了讀書是為了學習，為了學習各種基本知識及獲得各領域的相關知識內容，讀書更深一層的目的在學習，而學習的路徑則不會只有讀書、看書這單一管道。

　　所以跟學生說你可以不讀書，但是不可以停止學習，在孩子帶有情緒的說出自己的想法時，藉由心理學上依附理論的回應性，聽到學生的心情後回應他，讓孩子知道老師在乎他，然後回應他的心情，藉由對話來試圖理解學生的心情，藉以滿足學生想要讓情緒得以發洩，滿足當下的需求。

　　這樣的回應方式反而獲得學生更多的專注聆聽，因為同樣的話語，對爸媽說的時候獲得的回應是，聽爸媽的話就對了，認真讀書不要想太多，以後長大你就明白了，這樣的方式沒有辦法滿足孩子心裡的疑問，反倒是老師這樣的回應方式，讓學生出乎意料之外，更想要知道老師為什麼這樣說。

　　在臺灣，大學畢業後很多人就不再拿起書本來閱讀了，根據報導，大學畢業生在畢業後還維持著閱讀習慣的比例不高，可見過去在學校裡的考試讀書，造成很多人的畏懼。反之，喜歡讀書、持續閱讀的人比例雖然不

高，但都能持續的藉由閱讀終身學習，獲取知識，並在需要解決各種問題時從書中得到答案。

讀書已經不再是唯一取得知識的途徑，只要有心，透過各種管道都可以獲得自己想要得到的知識內容。以前如果想要學習日文，不是報名日文補習班，就是購買日文的教科書來閱讀。現在想要學習日文，管道和方法可就更多了，你可以透過網站自學，跟著 YouTube 頻道上的老師學習，或是聽日文歌、看日文影片，都可以達到讓自己日文進步的目的，或是透過語文交換的方式，到網路上的相關平臺，與各國朋友進行對話練習。

學習不再是只能翻開書閱讀，反倒有更多元的方式，可以豐富自己的學習範疇，滿足自己的求知欲望，更可以將自己的學習心得寫下分享，在有一定的學習程度時，從影片的訂閱者，轉化為提供知識的教學影片創作者，分享學習心得，介紹各種學習途徑，這都是新的學習型態可以達到的境界。

　　然而，資訊爆炸所帶來的負面效果，就是可以找到的相關資源很多，但卻不知道該怎麼入手選擇，再加上越來越多假資訊充斥網路上，在沒有能力評估判斷網路上可以找到的資訊內容真實性時，還是需要透過有整理過的系統知識閱讀，才能完整建構我們的知識體系，讓我們的閱讀更有效率，從閱讀一系列相關的書本，獲得他人所整理過的知識內容。

　　隨手可得的書本，就是我們可以審閱與進一步探索知識的最佳選擇，不管是到圖書館借閱書籍，或是利用平板、手機在網路上看電子書，都是很方便閱讀的方式，若是想要買書，也不需要到書店裡購買，拿起手機點開網路書店，就可以找到想要的書本，更可以看看別人閱讀的書評，並透過關鍵字與相關的書名，找到一系列書籍進行大量的群書閱讀，相對於以往，閱讀更有趣了。

　　學習的方式五花八門，可以照自己喜愛的方式來持

續學習，而看書閱讀則是最簡便容易進行的方式，且可
以有系統的取得相關的資訊，獲得讓自己學習更提升的
知識內容，若想更有系統、更有效率的學習，那麼閱讀
一定是我們可以採行的策略。**開卷有益，閱讀可以讓人
生更豐富、更精彩。**

天賦不夠，用努力來補。

　　許多時候，看到自己不如別人，我們總會怨天尤人，羨慕別人與生俱來的天分，以至於可以有好表現，抱怨自己在想要有好表現的領域，怎麼沒有天賦。其實大可不必自怨自艾，換個角度想，每個人都有自己的優勢智能，只要肯多方嘗試探索，一定可以找到自己擅場的領域。

　　另外，若是自己極度感興趣的領域，不妨正向思

考，天賦不夠，就用努力來補吧！透過刻意練習，足夠的努力可以補天賦之不足。

　　奧運游泳比賽，各項目比賽的金牌得主大部分都是歐美選手，鮮少有東方國家的選手可以脫穎而出。然而日本的北島康介，雖然身高只有 178 公分，還是可以在許多具有身材優勢歐美選手的蛙式比賽中獲得金牌。

　　五歲即開始學習游泳的北島康介，之所以成為世界優秀游泳運動員，不在於他的游泳天賦及傲人身材，而在於非常注重游泳的基本練習，尤其在分解動作的練習，將每一個動作練習到極致，一次又一次的練習，一次又一次調整自己的動作，提升自己的游泳技術，在教練及爸媽的指導與協助之下，將每一次重要比賽錄影記錄，然後仔細分析自己的比賽表現，透過不斷的記錄分析從小到大的游泳技術成長軌跡，可以明確知道自己可以改進的地方，然後持續的刻意練習與改進，讓北島康介的游泳技術達到世界一流的水準。後天比他人付出更

多的努力，讓北島康介成為世界一流的游泳選手。

　　「**刻意練習**」就是後天努力的一種表現，努力得要有正確的方向，不然只會浪費時間而徒勞無功。當有了確定的方向，然後找到可行的策略，只要持之以恆的練習，那麼就可以達到預期的目標。

　　參加歌唱比賽選秀節目的選手，有的人與生俱來就擁有好的歌喉與歌唱天賦，音色、音準及節拍都是一時之選，在比賽中脫穎而出不令人意外。

　　但有另外一群人，是屬於對於音樂無可救藥的熱愛，喜歡唱歌但沒有一副好歌喉，對於樂理也不懂，但是憑藉著自己對於歌唱的堅持，想方設法的學習如何唱歌，從基礎的樂理開始學習，到發聲練習，然後各種歌唱技巧的熟練，每一天都要安排固定的時間做基礎練習及各種不同類型歌曲的練唱，藉由後天的努力，補天賦上的不足，雖然沒有與生俱來的歌唱優勢，但是每一步的學習歷程讓歌唱的技巧提升，同時藉由大小比賽的參

與，讓舞臺經驗的累積不斷增加。

　　一次次的歌唱表現的分析檢討與改進，使得技術層面更臻純熟，還是可以在比賽中獲得評審青睞。放眼目前的歌壇，不乏這樣努力的歌手，他們努力投入的精神值得我們肯定，他們刻意練習的歷程值得我們跟隨。

　　與其羨慕別人與生俱來就天賦異稟，倒不如找出自己可以更加精進的努力方式，透過後天的努力與投入，一次次的調整與精進，還是可以迎頭趕上，甚至有可能後來居上。不用羨慕別人的擁有與成功，而是要找到自己可以努力的方向，然後一步步的奮力向前，透過刻意的練習，提升自己的表現，終究還是可以為自己的人生成就喝采。

簡單的事情重複做就是專家，
重複的事情認真做就是贏家。

　　這是一個分工專業的年代，任何行業都有所謂的達人，是指在某一區塊或是某一場域裡，有專門獨到見解及經驗的人，且可以提供給其他人相關的服務，在該領域是佼佼者且獲得肯定。

　　越是分工，越要能夠看到細節及別人所沒關注到的地方，這就可以顯現出與眾不同之處。多元社會較之過

往，只要在特別領域鑽研夠深，就可以占一席之地，獲得掌聲，且能找到很棒的工作，並擁有不錯的收入，或許是開業，或許是受僱，都是可行的方式。

教育改革至今，新課綱的願景是成就每一位孩子，適性揚才、終身學習，可見只要能夠找到自己有興趣的事物，扎根夠深，投入夠久，都可以開創自己的一片天，任何的事情只要願意去做，都可以學會箇中之道，成為該領域的達人。

別小看簡單的事情，越是簡單越不簡單，魔鬼即藏在細節裡，臺灣有許多的隱形冠軍企業，沒有華麗與壯闊的廠房，也沒有令人稱羨的裝潢及辦公設備，看似不起眼，但卻是世界第一。

其中位於岡山的螺絲工廠，就是臺灣隱形冠軍的其中之一，這些螺絲工廠創業至今，只做螺絲沒有另外擴展到其他事業或是投資其他產業，專注於本業，朝更優質、更精良邁進，讓高品質的小小螺絲釘成為世界各大

產業不可或缺的零件。精益求精，單一且深入，就是讓品質提升的關鍵，數十年的投入可以就細節加以鑽研，達到顧客的要求，並在該領域成為具有競爭力的翹楚。

獲得米其林餐廳星級肯定的餐廳也是如此，日本的壽司達人小野二郎，高齡九十幾歲，還是孜孜矻矻的在自己工作崗位上努力，從成為學徒開始，到站上主廚的位置，每天所做的事情只有一樣，就是把壽司做好，臻於至善，沒有最好，只有更好，每一個細節都不馬虎。

從上市場選材到料理製作，遵循著標準作業流程，一次又一次反覆做著同樣的事情，一樣的工作，負責認真的工作態度使然，讓壽司店的口碑成為最好的招牌，連美國前總統歐巴馬都慕名而來，訪日時，日本首相招待他到店裡品嘗老師傅的好手藝，這樣的壽司達人堪稱業界的專家，更是該領域的贏家。

不必好高騖遠，也不用隨波逐流，與其羨慕別人的好，不如堅守崗位把自己的工作做好，然後試著做得更

好，追求人生專業的最高境界，就可以讓自己的工作表
現趨於至善。任何高標準的表現，都是來自一次又一次
的修正與調整。

　　正走在人生道路上的我們，不管是在學習階段或
是已經進入工作職場，在找到人生目標後，朝著目標前
進，不管什麼事情，什麼工作，或是什麼任務，把握原
則就可以提升自我。投資大師華倫巴菲特說過「投資就
像滾雪球」，一開始很小，但會越滾越大，只要持續且
堅持，一定會看到效益，所以，**簡單的事情重複做就是
專家，重複的事情認真做就會是贏家，認真做就對了。**

一帆風順固然可喜，
乘風破浪更讓人回味再三。

　　一帆風順的人生每個人都想要，但偏偏事與願違，沒有人一生都是一帆風順的，遇到困難不畏懼，化困境為順境，過程中的處事經驗，就會成為未來的助力。雖說一路上跌跌撞撞，但事過境遷後，回顧過往，這樣乘風破浪的驚險歷程反而更值得回味再三，更豐富了我們的人生。

　　在臺灣職業棒球界享譽盛名的中信兄弟隊球員彭政閔，是公認無死角的強打者之一，也是難以取代的明星球員，粉絲無數，生涯引退賽一票難求，可見他的魅力獨到之處。

　　以現在來看，彭政閔的職棒生涯成績獲得高度肯定，還獲得球團高規格禮遇的複數年約，他的實力可見一斑。除了球技與實力堅強外，熱心公益及和善的人格特質更是讓人津津樂道，可以說是當今棒球界的名人。這樣的成績與表現，是許多正在追求棒球夢的選手學習仿效的楷模標竿，但彭政閔的棒球之路並非一帆風順。

　　彭政閔雖出生於棒球之家，對於棒球這項運動耳濡目染，但從小體弱多病，在身材及體格方面並沒有特別突出之處。從小就加入了棒球校隊，參與了各級棒球比賽，棒球世家的家學淵源，讓他得以有更多機會可以了解到棒球這項運動。小學就讀高雄復興國小，因為參與社團活動之故，有機會加入學校的棒球隊，國中及高中

都就讀棒球名校屏東的美和中學，高二即入選國家隊參與了國際青棒比賽，成了棒球國手。

他優異的棒球打擊及守備表現，獲得美國大聯盟球隊的青睞，原本有機會被網羅到美國的職業球隊打球，個性陽剛的彭政閔卻因一次事故傷了右手掌，讓原先有意網羅的球隊打退堂鼓，而錯失旅美打球的機會。

看似一帆風順，擁有絕佳機會可以成就自己的人生夢想的時刻，卻因為傷了右手掌而讓人生際遇大不相同。但彭政閔並沒有因此而灰心喪志、怨天尤人，反而繼續朝著自己的棒球夢想前進，更精進自己的打擊技巧及守備能力，讓自己成為全方位的棒球選手，2001 年以選秀狀元之姿加盟兄弟象隊，讓成為職棒球員的夢想如願以償。

人生是一場馬拉松比賽，不是比誰起步早，跑得快，而是比誰耐力持久，能夠堅持到最後。但命運總是捉弄人，原本看似順利的職棒生涯，又出現了另一危

機。在一次比賽中，因為被投手觸身球擊中，然後又遭
到三振，在無法控制自己的情緒之下，用手怒擊變電箱
造成右手骨折，不但自己的身體受到傷害，也連帶影響
球隊的聲譽。

　　經過了這次事件後，彭政閔高度自我要求，並期許
自己可以為球隊帶來貢獻，幫助球隊奪冠，行為舉止更
為謹慎，做人做事態度更加謙遜，球技表現獲得肯定，
成為球隊後輩學習的榜樣，更是全聯盟的看板球星。

　　經一事，長一智，能夠記取教訓不再重蹈覆轍，
並且可以從挫折中站起來，並再次向著目標前進，這需
要多大的勇氣與毅力才能達到啊！彭政閔的棒球生涯一
路走來不算順遂，在外人眼中看來，集光芒與榮耀於一
身，但箇中的辛苦只有他自己知道。

　　回首過往的點點滴滴，因為不斷的乘風破浪，他對
自己棒球夢想的實現更有感受，也更珍惜他所有擁有的
一切，抱著感恩回饋的心情，回饋社會，也投入基層棒

球的推動工作，造福人群。

　　一帆風順固然可喜，但人生哪有這樣順利的啊！行駛船隻，夜晚撐過暴風雨的考驗，到達港口時看到朝陽升起，那晨曦微光灑落眼前，特別讓人感動不已。人的一生可以靠自己打拚，人生成就可以靠努力與堅持達標，不輕言放棄的人就能摘取甜美的豐厚果實。

凡是決心取得勝利的人，
是從來不説不可能的。

　　可能與不可能，只有一個字之差，影響結果甚鉅，所以不輕言説「不可能」，而是要去想如何「**化不可能為可能**」，同樣的一件事，不同想法，結果大不相同，把「不」這個字拿掉，就變可能了。

　　要把不可能的不拿掉，看似簡單，但做起來卻不容易。我們先來想想為什麼會説「不可能」，例如隔壁

鄰居比我們大一歲的兒子，今年考上第一志願，媽媽就以同樣的標準來期許自己，明年就換你考取第一志願了喔！我們經常會聽到：「不可能啦！他成績那麼好，我又比不上他，哪有可能考上第一志願。」就這樣心裡產生了個負向念頭，都還沒看到結果就已經覺得不可能，往往這樣的想法就造就同樣的結果。

反過來說，如果聽到同樣的話時，告訴自己：「太棒了！我也想要跟他一樣，如果可以考上第一志願就太好了！」如此一來，對於未來充滿了期待，而接下來的時間就會開始努力，試著找到方法，透過楷模學習的方式，讓自己也成功達標，就算是沒有辦法如願考上第一志願，想必這段歷程中，也是會積極努力的投入與準備。

正所謂「**過程重於結果**」，整體來說，還是會讓自己受惠，態度更為積極，人生更有方向，做起事來更篤定。反之，整個念頭都是負向思考，裹足不前，對於人

生沒有把握，做起事來猶豫不決，凡事害怕，覺得不可能做得到，進而不想前進。

《孫子兵法》有言：「**勝兵先勝而後求戰。**」做任何事情，要先想著自己能做到，然後再思考如何讓自己做到，要達到自己所設定的目標可以如何規劃，可以採行哪一種策略，過程中還需要哪些努力，可能會遇到哪些阻礙，必須要設法克服的困境是什麼，把所有的可能性都思考過一遍，然後開始進行達標的任務。

就好像玩電玩打怪練等級，沒有人是一開始就很厲害，就是等級很高的，但因為對電玩有著熱情與興趣，投入夠久就能有所得，或許也因此踏上電競大賽的夢想殿堂，成為專業的電競選手。

拿破崙帶兵打仗，身為領導者如果自己都沒有信心，如何領導軍隊上戰場打仗？常勝將軍的他之所以能常打勝仗，很大的一部分是因為他擁有過人的勇氣與信心，凡是決心取得勝利的人是從來不說「不可能的」。

　　女子馬拉松選手邱靖貽，原本是一位素人，並非運動選手出身，在大學畢業前，對於田徑與馬拉松並沒有接觸很多，正職是一位律師，同時也是不動產經紀人，可以說是與馬拉松選手無法連結的一個人。

　　平時忙碌於工作，工作後喜歡跑步，然後開啟了馬拉松挑戰之旅，在就讀臺大土木在職碩士專班時，更完成加入田徑隊及全大運出賽的夢想，同時也是第一位拿下六星獎牌的馬拉松百傑選手。

　　一開始投入跑步行列的她，與許多人一樣，都對於挑戰跑完馬拉松有很大的期待，但她與其他人大不相同，當別人說著「你這麼忙，怎麼還有時間跑步啊！」「跑步喔！我也想跑，可是我的膝蓋不好。」她卻與其他人有不一樣的想法與行動力，為自己設定目標，挑戰知名的東京馬拉松，相信自己一定做得到，然後逐步參加各級的比賽，做為通過挑戰的前置練習。

　　從人生初次的十公里馬拉松挑戰成功，到初半馬

的挑戰計畫擬定，為自己規劃各種訓練，裝備的準備及體能的練習，有紀律的進行準備，最後終於挑戰全馬成功。從邱靖貽的經驗來看，確實是沒有不可能的人生，只有想不想接受挑戰的自己。

想贏就要行動，想挑戰成功就要對自己有信心，有動力、有信心，更要有規劃，嚴格有紀律的行動。下次當你有任何想法時，記得一定要想「我可以的」，千萬不要在起心動念時，讓「不可能」的負面想法使得自己裹足不前，最後還是留在原地踏步，徒留遺憾。

把握機會重要，做好準備更重要。

　　你也可以撿到屬於自己的一頂爆紅冠軍帽！

　　日前挪威鐵人三項選手艾登，戴著撿到的彰化埔鹽順澤宮帽子，在法國鐵人三項世錦賽中獲得冠軍，媒體報導沸沸揚揚，一時之間，讓順澤宮成了家喻戶曉的知名廟宇，更是所有熱愛鐵人三項運動及路跑選手的朝聖地。假日相約騎車到彰化順澤宮拍照打卡，成了很「潮」的一件事，順澤宮廟方更順應時下潮流，提供爆

紅的冠軍帽讓信眾們索取，頓時之間一帽難求。

　　爆紅冠軍帽事件，讓臺灣在國際媒體上曝光，也讓臺灣人認識了位於彰化的順澤宮，更讓挪威三鐵選手艾登在臺灣爆紅。

　　透過社群媒體的推波助瀾，這頂原本是臺灣各宮廟進香團體識別用的制式帽子，因為艾登獲得冠軍帶來好運，在社群媒體 Instagram 上爆紅，也使艾登的粉絲追蹤數瞬間上升。埔鹽的順澤宮沒有想到會因此成了國際媒體上的焦點，為廟方帶來了無數的信眾，順澤宮也因此成了打卡熱點，遊客絡繹不絕。

　　經過臺灣的媒體報導，這頂爆紅冠軍帽供民眾索取登記達四、五萬頂之多，索取冠軍帽成了民眾茶餘飯後的話題，擁有冠軍帽讓人津津樂道。

　　安迪沃荷說：「在未來每個人都有 15 分鐘爆紅的機會。」只要平時做好準備，機會來時把握住，就能因此而成名。天助自助，挪威選手艾登此次爆紅，一來是

獲得了法國鐵人三項世錦賽的冠軍，二來是搭上臺灣廟宇冠軍帽的話題，戴著這頂在日本比賽時撿到的帽子參加比賽，讓他獲得冠軍，如有神助，當時他的想法是要像這頂帽子的主人一樣，好好的照顧使用這頂帽子，不懂中文的他，並不知道這是廟宇進香使用的帽子，天時、地利、人和之下，創造了當紅的他。

　　從這次的事件可以得知，把握機會重要，做好準備更為重要，如果艾登平時沒有專注於訓練，做好參賽準備，縱使有神力相助，有好運降臨，還是無法順著風勢起飛，然後一夕爆紅。

　　「凡事豫則立，不豫則廢」，沒有努力則沒有運氣。臺灣標槍選手鄭兆村，2017 年代表參加臺北世大運，獲得男子標槍項目金牌，更是第一位丟出突破 90公尺的亞洲選手，成為亞洲傳奇，也成為臺灣人民心目中的英雄。

　　可是他的成名之路走得並不順遂，兩次奧運前夕，

都因為受傷而成了奧運孤兒，但他還是埋頭苦練，做好
準備，不回頭看，只想不斷前進、進步，而能在臺北所
舉辦的世大運中乘風起飛，就像丟擲出去的標槍一樣，
飛得又高又遠，一戰成名。

　　人人都想像艾登及鄭兆村一樣一夕爆紅，但多少人
能像他們一樣，為自己的成功做好準備？另外，能一直
長紅才更顯重要，如果沒有厚實的底蘊支撐，那麼成功
與爆紅只是短暫的過眼雲煙，無法長久。機會是留給準
備好的人，要把握住機會，則要讓自己隨時處在備戰的
狀態，才不會錯失良機而徒呼負負。

　　來說說挪威選手艾登，如果沒有良好的體能及耐
力，再加上各大賽的經驗，單憑戴上神力加持的帽子會
有用嗎？會讓他因此而獲得冠軍嗎？有了基本功，再加
上好運降臨，天時掌握到了，拜社群媒體之賜，網路推
播瘋傳助攻，推波助瀾，捲起千堆雪，站在風頭，起風
時乘勢飛得更高。

　　換作是你我呢？我們可以像艾登及鄭兆村一樣，平時做好準備，然後等待時機，把握這關鍵成名的 15 分鐘嗎？其實，我們可以向成功者學習，建議如下：

1. **紮實基本功**。設定目標，然後依照自己的目標規劃練習，打好基礎、蹲好馬步，強大厚實的基本功將有助於任何的挑戰。沒有一步登天的捷徑，但努力不會背叛自己，辛苦是不會白費力氣的。

2. **讓自己 ready**。不管做什麼，每日按照自己的規劃，進行各項工作或是完成各項練習，讓自己保持在最佳狀態，隨時可以接受考驗，也只有如此，才能把握住每一次的機會，確保有水準之上的表現，才能搶得后冠，贏得佳績。

3. **弦歌不輟，經常性的刻意練習**。一次又一次的練習準備之外，還要有目標的前進，不怕苦、

不怕難，唯有歷盡滄桑方能體會成就的美好，最重要的是要堅持到底，不能遇到挫折就鳴金休兵，不再前進。唯有弦歌不輟，讓樂音持續悠揚，知音之遇才可期待。

爆紅不是人人都有的機會，但只要努力，還是能成功，想做什麼事情，只要不怕苦、不怕難，向著目標堅持前進就能達標，怕得是自己無法堅持。當準備好時，機會一來乘勢而起，讓世人刮目相看，時來運轉是局外旁人的觀點，捨我其誰將是自己給自己成功的註腳。

改變心態，就能改變你的人生！

　　沒精打采也是過一天，熱情滿滿也是過一天，你會選擇哪種生活的方式呢？選擇熱情面對生活中的人事物，會讓你更有活力的迎接任何挑戰，且你會覺得事情越做越順；反之，沒精打采過一天，你會覺得怎麼壓力越來越重，事情怎麼都做不完。

　　其實，時間是一樣的，但我們的心情卻會影響我們做事情的成效，以及給人的觀感，我們看待事情的方式

及生活的態度，會反應在我們的工作及學習表現上，改變心態，就能改變我們的人生。

　　傑出人士都對自己的職業有很大熱忱，同樣在職場投入三十年，有些人熱愛自己的工作始終如一，以自己的職業為榮，每天滿心期待與人互動，將自己所負責的工作做好，不管自己的角色為何，盡力做好就是了。

　　反觀另一些人，總是思考著自己沒有受到重視，或是想著下一份工作可能會更好。同樣的工作時間，不同的工作態度及敬業精神，不僅會影響結果，也會影響自己的人生。

　　同樣是開公車的公車司機，有人橫衝直撞，遇到黃燈強行通過，再來個緊急煞車，不顧乘客搭車時的感受；有人細心提醒下一站要下車的乘客，深怕乘客坐過站，還一再反覆提醒，最後下車時還與乘客悉心問候，道聲再見，把乘客當成了家人看待，讓乘客備感溫馨。

　　在日本鐵道電影中，我們經常可以看到把職業當作

一生志業的鐵道司機員，每天執勤前總是先把自己穿戴整齊，然後按照標準作業流程來值勤，不管乘客多寡，工作態度及精神一樣不打折扣，熱情的與乘客打招呼，總能讓人感受到溫暖，可見職業無分貴賤。而重要的是對於工作的投入態度與熱情，當對於自己喜愛的工作有熱情，則能盡情的發揮，為這份工作帶來價值。

　　「**投入然後深入，敬業然後專業。**」簡單的事情重複做就是專家，重複的事情認真做就是贏家，「**態度決定高度，熱情影響人生。**」世人公認的偉大科學家愛因斯坦，原被認定為發展遲緩的小孩，長大後成為專業技術人員，因為熱愛物理學，利用空閒時間投入研究，不斷的探索追尋答案，最後發表影響後世物理學甚深的「相對論」，他所發表的論文，也奠定了現代科學的發展基礎。

　　他之所以會成為偉大的科學家，他所做的不過只是追尋他自己的熱情，因為喜歡而投入，因為投入所以

有所發現。從愛因斯坦的案例來看,做自己喜歡做的事情,然後持之以恆去做,這就是熱情,最後不但影響了自己的一生,還改變了這個世界。

電視廣告中,有個人因為工作上遭遇到不順,沒精打采的走在街道上,看到了個可樂鋁罐,氣憤的大腳一踢,鋁罐飛到了路上,剛好路過的汽車看到鋁罐迎面而來,緊急煞車,造成後面來不及煞車的汽車連環車禍,連帶的波及許多無辜的人,可見一個人的心情是會影響到其他人的。

相反的,若是擁有好心情的人,他的熱情也可以起蝴蝶效應,他的一個微笑、一聲招呼問候可以連帶使得許多人也有好心情,然後讓更多人開心的過一天,影響所及無遠弗屆,雖然眼前看不到,但確實存在。

擁抱熱情的人,生活不再侷限,懷抱著夢想可以改變世界,這個世界將因之而更加美好,認真的過好每一天,把每一件事情做好,自然對於這個世界可以產生莫

大的影響力。

　　誠如美國奇異公司的 CEO 喬治威爾許所言：「我不是喜歡這個工作，我是熱愛它。」當熱愛自己的工作時，不會在意工作時間的多寡，在乎的是有沒有把工作做好。

　　我有一位學生，因為熱愛木工，所以勇敢放棄即將畢業的清華大學研究所學業，投入了喜愛的木工工作，縱使畢業後可以進入令人稱羨的科技公司，擁有百萬年薪及豐厚的分紅獎金，但他還是毅然決然的選擇離開。

　　當他離開所屬的研究室時，學長姐、學弟妹及同學們抱以羨慕的眼光，直說：「你做了我們想做但不敢做的決定，真的很羨慕你，從今天起，**叫醒我們的是鬧鐘，而喚醒你的是熱情。**」

　　確實如此，縱使年薪百萬，但做得不開心也是浪費時間；做自己喜歡做的事情，縱使薪水不多，但心情愉快，每天充滿熱情的做好每一件事情，時間一久，還是

可以在自己的專業領域開創出一片天。

　　後來，這位學生將研究所所學應用在工作上，開創了屬於自己的木工事業，引進國外相關的木工器材，放眼全世界，做全世界的生意，成為擁有跨國視野的創業家，因為熱情，改變了自己的一生。

　　熱情可以影響生活，更可以改變人的一生，認真生活，認真工作，將每一件平凡的事情抱以不平凡的態度來做，將會看到不同的一面，打造自己的人生就從生活中的每一件事情開始，熱情的與人互動，熱情的投入自己的工作，你將發現，你的生活大大不同。

紀律是良好習慣的養成，
也是自我要求達標的重要關鍵。

　　日前朋友跟我說，你怎麼那麼有恆心毅力，每天該做的事若沒有做完就不下班，直到事情完成才離開，我回答：「今天的事情沒有完成，留到明天還是得要完成，況且明天還有明天得要完成的事情，累積越多就越難達成，所以要有效率的完成，今日事今日畢。」

　　每天我有個習慣，會在上班前，將一天該完成的事

情記錄在筆記本上，然後在下班前拿出筆記本，逐條確認事情完成度，一來檢核工作進度，二來讓自己清楚明白工作上事情處理的效率如何。當看到一條一條的待辦事項都已確認，大腦清空，有成就感又開心。

這樣的工作管理方式，讓自己在個人業務處理上方便管理，也不會讓自己過度緊張，害怕自己是否有哪些事情尚未完成，尤其在時間緊湊但工作一直來的此時，這樣的工作與時間的管理方式讓我很放心，而且工作效率也都能保持在一定水準。

最重要的是，下班後不用再掛心工作上的事務，可以好好的放鬆，也可以專心做自己想做的事情。

喜愛寫作的日本文學家村上春樹無論有無靈感，也不管颱風下雨或風和日麗，每天一定要寫下五千字的文稿。長久累積下來，他的文學作品不斷產出，寫作的靈感也持續的湧現，除了成為全球知名的文學作家之外，他的作品也入圍諾貝爾文學獎，假以時日，他的作品榮

獲大獎應該無庸置疑。

　　他在寫作上嚴守紀律，也因為如此才能持續有作品產出，我也效法村上春樹，每日書寫，記錄生活點滴，寫下閱讀心得，還有教學後的省思，多想、多寫，然後持續寫，每天至少寫下一篇一千五百字的文章。

　　若有更多的時間，則多寫一至兩篇的文章，長久下來，累積的文字量也很可觀，重要的是可以與朋友分享我的書寫心得，讓大家都受益。

　　在寫作的過程中，其實很多次會想要偷懶，這時候大腦的心理運轉機制，就會跳出來告訴自己，一定要嚴守紀律，不然就功虧一簣了。

　　記得我的同事曾跟我說：「好幾次我看你在活動辦完後已經很累時，大家都下班了，還是一樣將電腦打開，敲打起鍵盤，完成每天例行公事的文章書寫，你真的很不簡單，你是怎麼做到的呢？」其實，就是習慣的養成，當習慣養成了，能力就隨之提升，掌握了方法，

越寫越快，到後來只要嚴守紀律，每天都能有所產出。

教人寫「爆文」的寫作教練歐陽立中，曾分享他的寫作歷程，能說能寫的他，也是持續書寫，縱使一開始還沒有很大的名氣，但是他每天寫，分享在臉書及部落格，寫了兩年，終於有一篇文章在網路上被瘋傳，因此有出版社編輯找上門合作出書。

出了書的他繼續寫作，這時的他有更大的動力再持續寫，因為每寫一篇文章，就好像一本新書即將完成，寫越多新書完成度越高，寫著寫著另一本新書也就出版上市了。這是恆毅力所展現的效益，另外，對於寫作的信仰與價值，成就了歐陽立中有更大的企圖心投入爆文書寫。

我的書寫歷程與歐陽立中相似，在還沒有臉書的年代，我會寫稿投遞到報章及期刊，看到自己的文章刊載出來，心中有莫名的喜悅，讓我有更大的動力閱讀書寫。後來臉書問世，我開始在臉書上分享自己所寫的文

章，可以與讀者直接互動，從留言按讚數中獲得迴響，我發現我寫的文章是有人在看的，也就是說，我可以藉由文章與讀者交流，更可以藉由文字書寫，建立自己的專業與品牌。

另外，也可以書寫文章助人，於是比以前更為密集的書寫，寫下了關於教學相關的文章，記錄了自己的教學歷程，也分享了我與學生互動的快樂點滴。而後，陸續出版了三本書，除了人生成就解鎖之外，更大大促使了我自己在寫作上的繼續努力。

許多人問我，如何在這麼忙的工作之餘，還有時間可以寫作出書，我告訴他們：「『要不要』比『能不能』更加關鍵。」其實我身邊的每個人，都有能耐可以寫作出書，而我與他們之間的差異，只在於我有決心與毅力，既然想要做，就一定要完成。

心想事就要成，但心想到事成之間，卻距離十萬八千里，想著想著很多人就卻步了。但我常能轉念思

考，有了開始，還怕到不了終點嗎？只要心中常想著這件事，勉力為之，到達終點不是難事。

不可能化為可能只要把「不」字擦掉，就這麼簡單，「不」字筆畫有四劃，所以我們在化不可能為可能也有四個步驟。

1. 從此刻起別再說不可能

是的，別再說不可能，而是要換個方式來說，雖然不太容易，但我會讓它試著可能。改變觀念與大腦思維是前進與否的重要關鍵，起心動念之後，再來想下一步，有了開始，成功就接近了。

2. 常想著要可能的話我要做些什麼

「OKR」是美國企業界常使用的管理制度，Google及微軟都經常使用這套制度作為提升績效的工具，O是指目標，KR是指關鍵結果，可以幫助人了解當下最重

要的目標是什麼，然後擬定要達標必須做些什麼，讓組織裡的成員可以知道共同目標是什麼，藉此凝聚共識，然後團隊討論可以做什麼，清楚知道方向，也知道可以努力的作為。

　　這套工具放在個人管理上也可行，當心中有所想，則必須要與自己對話，想想可以為達標做些什麼，例如要寫作出書，就可以寫幾個可行且自己做得到的方式，記錄下每天的心情，寫下自己對於時事的觀察，評論國際經濟情勢，或是分享閱讀心得，這都是可行的方式。

　　想著目標後，具體的思考，可以讓夢想不再遙不可及，而是化理想為實際行動。當有想法時，心中只想著最重要的事，心無旁騖，集中時間、精神、氣力瞄準靶心，相當重要。

3. 思考要變可能要怎麼做

當知道要化不可能為可能，自己該做些什麼之後，更要具體的思考該怎麼做，評估自己的條件與情勢，有方法、有步驟的寫下幾個可以具體實踐的策略，化繁為簡，讓大腦除了更想要行動外，且讓思緒更為清晰，不再天馬行空與不知所措，而是可以照著自己所設定的方法與策略來行動，按圖索驥，安心為之。

就像有衛星導航作為輔助，在目前行駛的道路上，就能知道幾公里後要怎麼走，最後到達目的。思考要變可能要怎麼做，就是讓自己的行動實踐步驟化，一步一步來，就能到達終點。

有些人到達目的地的交通工具是汽車，有些人是機車，速度不一，縱使是步行，確定目標與方向後，只要清楚每一個步驟，就算時間必須花費許多，還是一樣能到達終點。生活中的自我期許與目標管理也必須要這樣做，具體化、步驟化的讓自己達標。

4. 嚴守紀律外還要持之以恆

　　有人說「複利」是世界上最偉大的力量,持之以恆如同複利一樣,一開始看不到效益,時間一久就能看到驚人的力道。在目標管理上,猶如投資理財,最怕的是無法嚴守紀律,有些人在興頭上全力投入,可惜的是無法持久為之,有些人想到再做,卻忘了怎麼繼續。

　　所以要化不可能為可能,除了確立目標之外,還要嚴守紀律,養成好的習慣。紀律是良好習慣的養成,也是自我要求達標的重要關鍵,而持之以恆則可以看到讓人驚豔的效益。

　　化不可能為可能看似不簡單,其實不難,只要掌握關鍵四步驟即可完成,嚴守紀律,每天做著該做的事情,經常為之且持之以恆,你也可以看到屬於自己的七彩霓虹。

創造個人競爭力：
我們應該拚的是現在，比的是未來。

「吃苦就是吃補！不要抱怨，現在多努力一點，媽媽不會騙你，長大你就知道了。」

經常聽到許多家長跟小孩說諸如此類的話，以過來人的心情來分享過往，努力是不會背叛人的。但許多時候孩子聽不進去，因為他們所在意的是當下，對於未知的未來並沒有很大的期待，說白話一點，並沒有 feel。

　　華人社會比較難免，家中若有兩個孩子，就會有所比較，從學業表現到工作就業，就連所得收入都不免拿來比較一番。若是只有一個孩子，就會與親戚朋友的小孩來比較，越比則會越痛苦。

　　較勁輸了，不但大人心裡難受，被拿來比較的小孩心裡更不是滋味，畢竟每個孩子都是獨立的個人，只要與自己競爭，與自己比較，並不需要與他人較勁，贏了又如何。

　　但是，隨時與自己比較則相當重要，隨著年紀的成長，我們需要與時俱進，如果原地踏步，在這樣科技進步的時代，很容易就會與社會脫節，不管學習或是工作皆是如此，必須讓自己時時保持在學習狀態，保持進步的狀態，時間一久自然能夠看到效益。

　　AI 人工智慧時代來臨，未來很多工作都會被機器人所取代，因此不能滿足於現況，必須掌握時代脈動，拚搏一番，才不會被淘汰。過去講究單工，現在必須跨

域，才能創造自己的競爭力，提高自己的不可取代性。

原本是魚市場的小販阿郎，因為網路購物興起，到實體市場購買的民眾人數逐年下降，為了提升銷售金額，店主開始學習直播，及在拍賣平臺賣起生鮮魚貨，線上線下的銷貨通路一起來。

四十幾歲的魚販阿郎，報名社群平臺直播課程，重拾書本認真上課勤做筆記，回家還要利用休息時間上機操作，複習上課內容，為了求生存，不得不在原本已經安逸穩定的工作再次出發，仰賴新契機，為未來走出一條新路。

沒有突破，未來只能被市場淘汰，重新投入銷售學習的他，因為新的網購及直播購買平臺興起，業績非但有了起色，也因為網路無遠弗屆，更在年節慶典時創造出比以往銷售翻倍的業績。

如果不拚搏，哪來的生存，過了四十歲的魚販阿郎在遭遇困境時，為自己的未來拚搏著，重新學習是痛苦

的，必須克服許多困難，唯有突破困難，才能找到生存之道。

網路上流傳著一段關於老鷹重生的故事。上了年紀的老鷹，因為用來叼取獵物的喙子及鷹爪過度彎曲，使得在獵獲過程中相當困難而無所獲。為了讓自己得以重生，老鷹必須面臨抉擇，等死或是痛苦重生，若要重生，則要飛到懸崖築巢，遠離天敵，靠著擊打岩石打掉長喙，然後再用新長出來的喙，將老化的鷹爪拔除，才得以長出新的爪子，置之死地而後生。

經歷痛苦的淬鍊，忍受磨難之後的老鷹煥然新生，得以再次鷹揚天際，讓自己生存下來。沒有拚搏，則沒有未來。

近年來因為少子化及教育政策所致，每年各縣市所釋出的正式教師員額數量有限，許多老師忙碌著每年一次的教師甄試考試，有人畢其功於一役，盡可能讓自己得以在最快的時間內考取上榜。

　　但也有人年年參加考試，繼續過著代理教師的生活，職業沒有分貴賤，教師的工作也不是正式老師就一定比代理老師高貴，上課較為認真，但就穩定性來説，正式老師相對於代理老師較有保障，也不用每一年參加考試，如果可以把握機會早點考上，可以將準備考試的時間轉為備課及進修之用，讓自己教學提升也讓學生學習受惠。

　　拚搏是一定要的，努力不會背叛人的。至於如何拚呢？有些人選擇犧牲享受，除了準備課業、上班教學及課堂準備之外，只要有時間就是準備考試科目，並進行口試及試教的演練，讓自己一次再一次的精熟，一次又一次的對於考試科目有紮實的基礎，及能夠通過筆試的把握，盡可能的利用時間，讓生活簡單化，單一且明確的目標鎖定，各種邀約及應酬盡可能的減少，就是要讓自己處於備戰狀態。

　　然而，有些人日復一日過著安穩的生活，沒有憂患

意識，只是在每年考試期間報名，沒有盡全力準備，筆試通常無法過關，就算過關也因沒有紮實的口試及試教演練，縱使進入複試，最後還是鎩羽而歸，心中大喊太可惜了，就差這一步。

失之毫釐，差之千里，能夠通過教甄考驗的人，是在競爭激烈的考試場合中打敗多少人才能勝出，沒有所謂的碰碰運氣，只有不斷的努力再努力，拚搏再拚搏，拚的是現在，而比的是未來。

看到許多順利通過教甄考驗的老師，在準備考試階段都是犧牲享受，比其他人更加的努力，最後才能享受甜蜜的果實。套一句考上的老師的話：「**未來的你，一定會感謝現在加倍努力的你。**」確實如此，成功沒有偶然，努力是必然。

自己的競爭力自己創造，一步一腳印，天下沒有不勞而獲的美事，唯有靠自己的努力，忍受磨難與加倍歷練，才能成就具有多元能力的自己，讓自己擁有各種斜

槓，而具備不凡的競爭力。在人生的道路上，爭一時更
要爭千秋，重要的是隨時讓自己保有憂患意識，處於備
戰狀態，維持動能，才能永續發展，持續占有優勢。

挑戰極限，
就是創造自己的無限可能。

　　奧運馬拉松金牌得主肯亞選手 Eliud Kipchoge 再次破紀錄了，以 1 小時 59 分 40 秒成績，突破人類跑馬拉松賽事天險障礙，在兩小時內完成了不可能任務。

　　一時間他挑戰極限成功的事蹟，成了全世界的運動要聞，在他挑戰極限完成不可能紀錄的同時，全球數萬人觀看著馬拉松賽事轉播，當他抵達終點線時，計時器

上顯現的是歷史性數字紀錄，萬人瘋狂，同感雀躍。在螢幕前觀看的粉絲一起吶喊，為他的好成績喝采叫好，全馬破 2 小時可以說是運動史上重要的里程碑，這是他個人的榮耀，也是他的訓練團隊的驕傲。

　　34 歲的他，曾拿過三次的奧運馬拉松金牌，2017 年曾挑戰一次兩小時完賽，但最後失敗了。然而他並沒有因此放棄，反而更積極的投入準備，最後挑戰成功。他的成功鼓勵了許許多多人，他成功的故事，也鼓勵了許多正在為達成自己夢想的人，挑戰極限，就是創造自己的無限可能，再難的事情，都有可能突破然後完成，只要有心、有方法，然後持續努力。

　　在兩小時內跑完全長 42.195 公里的距離，完成馬拉松的賽事是多麼不容易的一件事呢？不曾跑過馬拉松的人，不會有很大的震撼，換個方式來說，也就是要以 17 秒左右的時間跑完 100 公尺，且要持續跑 422 次才能完賽，這樣應該就能知道有多困難了。要締造這樣的

成績，除了跑步要有一定的速度之外，更要有驚人的體力、耐力及意志力。

　　成功的背後，是一段又一段的故事，為了達成夢想，為了超越自我，期間所歷經的辛苦只有自己知道。旁人可以得知的是，努力是必然，為了要挑戰成功，一定要忍人所不能忍，耐不人所不能耐，終究才能超越巔峰，夢想成真，享受自我實現的甜美果實，即如同他受訪時所說：「這是我這輩子最棒的一刻！」

　　我國舉重好手郭婞淳，現為舉重女子 59 公斤級挺舉、總和兩項世界紀錄保持者，優異的表現使其獲得優秀女運動員的殊榮，獲得總統頒授五等景星獎章，更在雅加達亞運擔任進場掌旗官，在即將到來的東京奧運賽事上奪牌締造佳績指日可待。

　　郭婞淳生長在臺東，家庭並不富裕，靠著優異的體育表現讓自己翻身，從窮困的生活環境中走了出來。強大的自我要求及自制力，使得她在從小到大的各項比賽

中，能以更積極的態度通過各項挑戰，讓自己更為強大之外，還能有更大的使命感及企圖心挑戰自己的極限。

眼前我們所看到的她，站上頒獎臺上光鮮亮麗，但她也是從苦難的煎熬中走出來的，備戰仁川亞運時，被重達 141 公斤的槓鈴壓傷了大腿，除了內心焦急之外，歷經漫長的復原之路更是艱辛，但她卻能以不同的心態自處，「**所有的挫折都是上天給的安排**」，挫折是滋養她更為強大的養分，也讓她了解唯有一次又一次的練習，才能補足之前受傷所落後的進度。

想要挑戰極限，就必須相信自己有無限可能，因此體重不到 60 公斤的她，可以舉起兩倍重的槓鈴，憑藉著自己的實力在世界舞臺上讓世人看見。沒有礁石激不起美麗的浪花，因為人生過程有痛苦有挫折，更讓她在世界舉重舞臺上顯得偉大。

人生就是一次又一次的自我挑戰，挑戰自己的極限，生命的偉大在於未來會怎麼樣沒有人知道，也因為

如此，夢想顯得珍貴，而築夢踏實的歷程，就充滿了無限可能，創造自己的無限可能，則可以挑戰極限，日常生活中不乏圓夢可行的挑戰，但往往世人缺乏的是接受挑戰的勇氣，以及挑戰極限的企圖心。

曾任冷凍車駕駛的吳國政，是勇敢做夢的夢想家，為研發「電產電」裝置，不惜放棄收入穩定的冷凍設備車駕駛工作，還拿名下的不動產抵押貸款，作為研究經費。勇於作夢的他，為了讓夢想實現，投入時間與金錢無數，不斷研發測試變更各項零件模組，嘗試過程中的失敗，幾乎花光了研究經費，但為了創造自己的無限可能，讓他堅持到底，不斷地挑戰自己的極限。

經過一年多的努力，最終成功創造出「電產電」裝置的原型模組，每天可以產電 666 度，每月產值近 8 萬元，並成功申請到經濟部核發的專利證書。期待不久的將來，可以看到他讓產電模組裝置商品化上市，解決能源短缺的消息，更上層樓，再次創造屬於自己的無限

可能。

　　零極限是一種信念，這信念超強大，可以挑戰自我，使自己創造出無限可能，當心中所想著「有可能」，則不可能就有機會可以化為可能，在挑戰極限的過程中不會是一帆風順，一路上會有許多的挫折與磨難出現，與挫折共處將使未來獲得滋養，通過層層關卡，將會提升經驗值。以他人的成功經驗為師，不自我設限，相信一定可以創造出屬於自己的人生舞臺。

你一定要開始，才能很厲害！

王勝忠老師的人生勵志課
殘酷世界中，讓你善良強大的 40 句話

作　　　者／王勝忠
美 術 編 輯／孤獨船長工作室
責 任 編 輯／許典春
企畫選書人／賈俊國

總　編　輯／賈俊國
副 總 編 輯／蘇士尹
編　　　輯／高懿萩
行 銷 企 畫／張莉滎・廖可筠・蕭羽猜

發　行　人／何飛鵬
法 律 顧 問／元禾法律事務所王子文律師
出　　　版／布克文化出版事業部
　　　　　　臺北市中山區民生東路二段 141 號 8 樓
　　　　　　電話：(02)2500-7008 傳真：(02)2502-7676
　　　　　　Email：sbooker.service@cite.com.tw
發　　　行／英屬蓋曼群島商家庭傳媒股份有限公司城邦分公司
　　　　　　臺北市中山區民生東路二段 141 號 2 樓
　　　　　　書虫客服服務專線：(02)2500-7718；2500-7719
　　　　　　24 小時傳真專線：(02)2500-1990；2500-1991
　　　　　　劃撥帳號：19863813；戶名：書虫股份有限公司
　　　　　　讀者服務信箱：service@readingclub.com.tw
香港發行所／城邦（香港）出版集團有限公司
　　　　　　香港灣仔駱克道 193 號東超商業中心 1 樓
　　　　　　電話：+852-2508-6231 傳真：+852-2578-9337
　　　　　　Email：hkcite@biznetvigator.com
馬新發行所／城邦（馬新）出版集團 Cité （M） Sdn. Bhd.
　　　　　　41, Jalan Radin Anum, Bandar Baru Sri Petaling,
　　　　　　57000 Kuala Lumpur, Malaysia
　　　　　　電話：+603-9057-8822 傳真：+603-9057-6622
　　　　　　Email：cite@cite.com.my

印　　　刷／卡樂彩色製版印刷有限公司
初　　　版／2020 年 6 月
初 版 2 刷／2022 年 10 月
售　　　價／300 元
ＩＳＢＮ／978-986-5405-65-6
© 本著作之全球中文版（繁體版）為布克文化版權所有・翻印必究

城邦讀書花園　布克文化
www.cite.com.tw　www.sbooker.com.tw